이주연의 산마루 서신

이주연의
산마루
서신

주님처럼

강같은평화

머리말

주님을 사랑하며 '주님처럼'을 꿈꾸며

　매일 영감을 주신 하나님께 감사와 영광을 드립니다.
　그저 저는 그 영감을 받아 산마루 서신을 하루하루 써서 올렸습니다. 그것이 어언 10년의 세월이 흐르고 오늘도 이어지면서, 인터넷을 통하여 5대양 6대주에 매일같이 산마루 서신이 전해지게 되고, 지구촌 도처에서 답신이 오가게 되었습니다. 21세기를 앞두고 있던 시절, 정보의 네트워크를 넘어 영혼의 네트워크가 형성되어 지구촌 전체가 깨어나며, 영성의 길을 갈 수 있기를 소원했던 일이 눈 앞에 실현되고 있다는 생각에 감사하고 있습니다. 또한 앞으로도 주께서 영감을 주시는 한 계속 쓸 수 있기를 간구하고 있습니다.

　산마루 서신을 쓰면서 저는 제게 가까이 다가오셔서 길을 인도하시며, 영혼을 일깨우시는 주님의 손길을 느끼고 있습니다.

그래서 이러한 고백을 드린 일이 있습니다.

    한 때 잘난 나를
    보고 싶었던 때가 있었습니다

    그러나 지금 나는
    이름 없는 내가 될 수 없을까
    기도합니다

    한 때 힘이 있어야
    일할 수 있다고 생각했던 때가 있었습니다

    그러나 지금 나는
    오직 사랑의 십자가를 묵상합니다

한 때 결의에 찬 삶을
살고 싶었던 때가 있었습니다

그러나 지금 나는
인도하심을 기다릴 뿐입니다

주님처럼
하나님 뜻을 따라 살 수 있기를.

 이러한 뜻에서 『주님처럼』이라는 제목으로 책을 엮었습니다. '주님처럼'이라는 말은 감히 입에 담기 어려운 말임을 잘 압니다. 그러나 별을 딸 수 없음에도 별을 노래하고 별을 따기를 소원하는 순박한 동심처럼, 주님 가까이에 이르는 동심이 되기를 원해 붙인 이름이니 너그러이 양해해 주시기를 바랍니다. 이미 그러한 동심들이 산마루교회와 산마루 서신의 가족이 되기도 하였습니다.

이제는 이 책을 읽는 영혼의 벗들이 '주님처럼'을 꿈꾸며, 주님을 더욱 사랑하고, 주님 닮으려는 영혼의 갈망이 피어나, 함께 길을 갈 수 있기를 간곡히 기도합니다.

부족한 글을 귀중히 여겨 책으로 펴내기로 한 출판사 '강같은평화'와 이를 위하여 산파가 되어 주신 강영란 선생님께 깊은 감사를 드립니다.

산마루 서신이 문을 닫지 않고 계속 영혼의 편지를 전달할 수 있었던 것은 변함없이 후원해 주신 영혼의 벗들이 있었기 때문입니다. 제 마음으로 그 이름을 부르며 이 지면을 빌어 감사함을 전합니다.

불타는 단풍으로 가을을 사는 숲 속,
아름다운 날에
북악산 산마루에서, 이주연

책머리에

하나님을 중심에 • 14

용서 • 15

작은 상처 • 16

기도 • 17

믿음의 눈 • 19

진리의 여정 • 20

하나님의 뜻을 물은 후라면 • 22

삶의 절박함 • 26

버릴 것이라면 그냥 버리십시오 • 27

영적 생활을 위한 몸가짐 • 28

그저 안녕이라고 손을 • 30

행복한 가정을 위한 십계 • 33

기도 그 자체가 지고한 가치 • 34

솔직하다는 것 • 36

고양이와 개의 곡해 • 38

구하라 • 40

서로 존경할 때에 일어니는 힘 • 42

사랑의 완성 • 44

일상이 거룩한 것이기에 • 45

우리도 솔개처럼 • 46

거룩한 변화 • 49

아름다운 삶을 만드는 줄기 • 50

그만 두어야 할 때 • 53

군살만 제거할 것 • 54

둥지가 자꾸 헐리십니까? • 56

마음의 창문을 가지십시오 • 58

밥값 • 61

산과 계곡은 말이 없어도 • 62

십자가의 자유 • 63

사제의 부끄러움 • 64

숲처럼 하늘의 때를 따라 • 66

절망은 없다 • 68

큰 나무가 되려면 • 69

깨지기 쉬운 물건 • 70

훗날 누군가를 위하여 • 72

물과 배 • 74

천국 가는 이정표 • 75

경청 • 76

하늘의 그물 • 78

진정한 대화는 • 79

아이처럼 가슴으로 살아야 • 80

도전이 있어야 • 82

주의 날개 아래 • 84

마침내 내리는 비 • 86

웃다 보면 • 87

내면의 길 • 88

자신과의 싸움 • 90

사랑하고 받은 시간만이 • 91

웃으니 좋은 것이지 • 92

가난한 마음 • 94

침묵수련이란 • 96

불평 • 97

진정한 은혜와
값싼 은혜의 차이 • 98

세상과 종교 • 99

훌륭한 소방관 • 100

아름다운 나눔 • 102

사랑, 그 어리석음에 이르기를 • 104

영적 질환 • 106

사랑이 깊어지면 • 108

깊은 울음 • 109

반성할 줄 아는 사람 • 110

밤이 찾아오면 • 113

한 젊은 병사의 어리석음 • 114

소망으로 살아남기 • 116

언행일치 • 118

사랑이 깊어지면 • 121

누가 붙잡고 있다고 • 122

기뻐하라 • 123

진리는 무엇입니까? • 124

철창 밖의 별 • 126

먼저 해야 할 것 • 128

날고 싶다면 • 132

선한 사마리아 사람의 이름과 주소를 알고 계십니까? • 134

순전純全한 기도문 • 136

사람을 두들겨 보면 • 138

산 제사 • 139

하나님의 인도하심을 받아야하는 이유 • 140

마음의 눈 • 141

제 목숨을 스스로 끊는 자 • 142

사실이 아니라 믿음으로 • 144

하늘이 높고 비어 있기에 • 146

믿음의 뿌리 • 147

우리가 머뭇거릴지라도 • 148

가난한 마음에 천국이 • 150

진정한 성자 • 151

병이 없다면 • 152

도움에 관하여 • 153

진짜 사랑 • 154

사랑의 불꽃으로 • 156

행복과 소명 • 159

여유를 담은 유머 • 160

십자가 자유의 길 • 162

심각함을 벗고 • 164

시종일관 한걸음씩 • 166

대화를 • 168

초월의 문 • 171

삼십 분 늦어진 독립 • 172

참 사랑의 숨결 • 173

미리 쓴 자서전 • 174

귀를 열고 닫는 지혜 • 176

인생이란 • 178

살아서 해야지요 • 180

때때로 거리를 둘 것 • 182

한 마디 말만으로도 • 183

난 내 코가 좋아요 • 184

노래 부르기를 좋아하는 사람은 • 185

어디 한번 살아보자 하면 • 186

자유의 유영遊泳 • 188

소크라테스의 3가지 체 • 190

진정 훨씬 큰일 • 193

즐겁고 행복하게 하는 기술 • 195

거듭남과 기질 • 198

삶의 온전한 성취를 위하여 • 200

훌륭한 지도력 • 201

지혜가 하는 말 • 202

예쁜 도둑 • 204

단순한 실천이 꿈을 이룬다 • 206

창조주를 사랑한다면 • 207

슬플 땐 슬퍼하십시오 • 209

사랑을 잃지 않은 게임을 • 213

승리를 위한 세 가지 덕목 • 214

이룬 것을 장구長久하게 • 215

하늘이 지어가는 대로 • 217

이루시는 것은 하나님 • 218

폐인인가 • 220

긴장의 칼날 위에서 내려와 • 221

나의 종착역은 • 222

행하고 대가를 바라지 않는다면 • 223

착함보다 참됨이 앞서야 • 224

인생의 과제들 • 225

말할 때 고려할 것과 침묵 • 226

삶의 순간순간 • 228

길을 떠나는 이에게 • 229

강물처럼 • 230

하늘에 속한 자 • 232

에스더처럼 • 233

최초의 선포 • 234

회개의 목적 • 235

스스로 짓는 감옥 • 236

어느 공익광고 • 237

마음의 복숭아 • 238

주 안에 거하는 방법 • 240

봄 추위와 가을 추위 • 242

구원의 사랑으로부터 • 244

'빨리빨리'에 대하여 • 245

그의 은총은 평생이로다 • 246

지적 인격적 성숙을 위하여 • 247

십자가 묵상 • 248

빌려 받은 것들이니 • 250

삶의 극대화하는 방법 • 251

불필요한 것을 제거하라 • 252

인간의 모습 그대로 • 254

침묵의 의미 • 255

부모 • 256

진정한 회개 • 258

자긍심과 자기 신뢰 • 259

행복을 담을 바구니 • 260

행복과 삶의 가치의 창조 • 261

사랑의 과정 • 262

영적 생명을 가진 것들에 대하여 • 264

인도하심 • 266

악마가 빼앗아 가지 못할 것 • 268

협력과 선과 헌신의 길 • 269

헌신 • 270

깊은 숨 • 272

에필로그

하나님을 중심에

분노하게 될 때에
두려울 때에
삶이 어지러울 때에
결단할 때에
큰일을 이루고자 할 때에
하나님을 삶의 중심에 놓으십시오

하나님께서 이끄시고 해결해 주시면
인간이 상상할 수 없는 힘을 얻습니다

순교자가 기꺼이 바치는 순명順命은
자신의 결의 때문이 아니라
하나님이 그 중심에 계시기 때문에 가능한 것입니다.

용서

독사에게 물렸을 때
그 독사를 끝까지 쫓아가 죽일 것인가,
아니면 내 몸 속에 퍼지는 독을
먼저 제거할 것인가?

대답은 분명합니다
먼저 내 몸 속의
독을 제거해야 합니다

바로 이것이
용서입니다.

작은 상처

선교 여행으로 발칸반도 동남부를 여행하던 중
딱딱한 빵을 먹다가 입 안에 상처가 났고
기어코 헐게 되어 목젖과 우측 어금니 뒤편과 입천장까지
곪아터지고 말았습니다

어찌 보면 손바닥 반의 반만치도 되지 않는 상처가
이렇게 큰 고통을 줄 수 있을 줄이야!

먹는 것이 고통이고
잠자는 것이 고통이고
침을 삼키는 것이 고통이고
숨 쉬고 마시는 일이 고통이고
인생 그 자체가 고통이었습니다

놀라운 일이었습니다
그 작은 상처로
인생이란 것이 이토록 달라질 수 있는 것이라니!

기도

기도는
하나님의 뜻을
바꾸는 것이 아니라

하나님의 뜻을
듣는 것으로 시작하여
순종함으로 완성되는
하나님의 선물입니다.

세상을 두려워하면
변명과 거짓을 낳고

하나님을 두려워하면
순종과 진실을 낳습니다.

믿음의 눈

한 남자아이가 아버지와 동물원에 갔습니다
아이가 사자 굴 앞을 지나갈 때
포효하며 어슬렁거리는 사자에게 놀라서
울기 시작했습니다

아버지가 물었습니다
"애야, 무슨 일이 있니?"

새파랗게 질린 아이가 대답했습니다
"아빠, 저 사자가 보이지 않아요?"

"보이지! 그렇지만 나는 철창도 함께 보고 있단다."

하나님께서 나와 함께 하신다는 믿음은
사자를 가둔 철창을 보게 합니다.

진리의 여정

세상에 태어났다고
다 사는 것은 아닙니다

깨어나 진리를 성취하십시오

걸을 줄 안다고
길을 아는 것은 아닙니다

길을 찾으십시오

말을 할 줄 안다고
다 말인 것은 아닙니다

침묵을 가지십시오

친구가 많다고
다 친구는 아닙니다

진실한 친구가 되어 주십시오

많은 것을 가졌다고
다 부유한 것은 아닙니다

가진 것을 나누십시오

그렇게 한다면
당신의 발자취는
영원한 분과 함께 가는
진리의 여정이 될 것입니다.

하나님의 뜻을 물은 후라면

인생의 갈림길에서는
나를 세상에 내신 분과
의논하십시오

그런 후라면
내가 계획하고
내가 시행하고
내가 책임지고
마음껏 흡족해 하십시오

불안과 자책과 후회와 아쉬움은
일어나지 않게 하십시오

실수에선 배움만을 남기고
모든 결과엔 삶을 배우도록
허락하신 그분께
감사함을

꽃씨로 남기십시오

그리하면 모두가 기뻐할
한 송이 꽃이
이 우주 안에 피어날 것입니다.

진정한 힘을
얻은 이는

그 힘을 감추고

때에 따라
그저 남을 도울 뿐입니다.

삶의 절박함

"굳어진 땅에 씨를 뿌릴 수 없고,
가득 찬 독에 물을 더 부을 수야 없지 않은가?
독이 작으면 금세 차 버리지만 큰 독은 그렇지 않은 것이지."

"선생님, 무슨 뜻입니까?"

수도자는 웃으며 나지막이 말을 이어갔습니다
"작은 독처럼 자기의 작은 논리나 재주가 작은 줄도 모르고
굳어진 땅처럼 마음을 닫아버렸다면,
그런 영혼에 어찌 하늘의 진리가 깃들 수 있겠는가?
진정 부족을 아는 영혼이어야 배움이 깃들게 되는 것이지!
그렇지 아니하면 귀가 있다한들 들을 수 있겠는가?

그러니 작은 똑똑함이 아니라
큰 어리석음을 가진 이가 제자가 되는 것이네."

버릴 것이라면 그냥 버리십시오

버릴 쓰레기라면
버리면 되지
쓰레기통을 다시
뒤질 필요가 없습니다

마음의 쓰레기도 마찬가지입니다
어두운 감정, 쓰라린 상처,
불쾌한 기억, 원한과 분노
버려야 할 마음의 쓰레기입니다

다시 뒤질 것 없이
그냥 버리는 이에게
기쁨과 행복과 밝음
사랑과 평안과 소망이
깃들 것입니다.

영적 생활을 위한 몸가짐

영적인 높은 길을 가고자 하면
우리의 몸가짐을 잘해야 합니다

우선, 입보다 귀를 많이 쓰십시오
입을 많이 쓰면 화를 부르고,
귀를 많이 쓰면 신뢰가 찾아듭니다
그리고 입을 닫고 눈을 감을 수 있다면
많은 영감을 얻게 될 것입니다
더 나아가 입을 열어도
마음이 조용한 상태에 이른다면,
그는 많은 사랑과 진리를 베푸는
영적 지혜를 나누어 주는 사람이 될 것입니다

둘째로, 머리보다 마음을 많이 쓰십시오
머리를 많이 쓰면 이해타산에 밝아져
약삭빠른 사람에 머물고 말 것입니다
하지만 머리는 밝되

마음을 더 쓸 수 있는 사람이 되면
자비로운 사람이 됩니다
그가 바로 이웃을 사랑하는
그리스도의 형제가 될 것입니다

셋째로, 배보다 손과 발을 많이 쓰십시오
배를 채우는 것을 낙으로 삼은 이는
게으르고 욕심 많은 사람이 되며
건강을 해치게 됩니다
하지만 손과 발을 많이 쓰는 사람은
건강할 뿐 아니라
자기 밭에서 자기의 먹을 것을 얻으며
자족하는 사람이 될 것입니다

그리고 귀와 마음과 손발을 많이 쓰는 사람은
자기 소명을 다하고
하나님의 뜻을 이루는 사람이 될 것입니다.

그저 안녕이라고 손을

한 수도자가
모든 제자들을 한 자리로 불렀습니다
그리고 자신이 머지않아
이 세상을 떠나게 될 것임을 알려 주었습니다

그러자 제자들은
너무나 슬퍼하며 울었습니다
그리고는
진정한 사랑과 존경의 마음에서
추모 계획을 내놓았습니다

그러자 스승은
웃으며 말했습니다

"갈 곳이 있는 사람에게
죽음이란 슬픈 일이 아닌 것을 알지 않는가?

갈 곳이 있는 이가
그 갈 곳으로 가는 것이
어찌 그토록 슬퍼할 일이겠는가?

죽음이란 그저 이러한 일이거늘
너무 슬퍼하거나
지나치게 추모하지 말게
그것은 사람을 무지함에 빠뜨리는 것이요
미신을 퍼뜨리는 일일세

나의 죽음을 통해
왔다가 가는 일이 어떠한 것인지 알도록
그저 안녕이라고 노래하며
손을 흔들어 주길 바라네."

빈 독이어야
물이 담기듯

부족을 아는 영혼이어야
배우게 됩니다.

행복한 가정을 위한 십계

제일은, 가정의 주인은 하나님임을 인정하십시오
제이는, 온 가족이 같은 믿음으로 함께 주일을 지키십시오
제삼은, 최소한 가정예배는 일주일에 한 번 이상 드리십시오
제사는, 말하기보다 듣기를 먼저 하십시오
제오는, 다툴 수 있으니 다툴 때엔
      극단적인 말을 하지 마십시오
제육은, 잠자리를 달리할 때는 반드시 허락을 받으십시오
제칠은, 식사는 기도하고 함께 시작하십시오
제팔은, 해달라고 하기 전에 해줄 것을 생각하십시오
제구는, 가족의 기념일을 꼭 기억하고 축하하십시오
제십은, 이웃집 가족이나 가진 것과 비교하지 마십시오.

기도 그 자체가 지고한 가치

큰 선생님께
한 기도자가 물었습니다

"저는 10년을 규칙적으로 기도하면서
무슨 일이 일어나기를 기다렸는데
아직도 아무런 일도 일어나질 않았습니다
언제까지 더 기다려야 합니까?"

선생님께서 대답했습니다
"자네에게 앞으로
일어날 일은 없을 것이네!"

"선생님, 그것이 무슨 말씀입니까?"

"여보게, 이 해 아래 기도 그 자체보다
큰 일이 또 무엇이 있는가?
풀벌레가 노래하려고 태어나
한 여름 실컷 노래하고 있으면 됐지
더 대단한 무엇을 기다리겠는가?"

솔직하다는 것

상대방이 불쾌한 말을 할지라도
그것을 싫어하지 않고,
도리어 적극적으로 그것을 받아들이며,
조금이라도 상대방의 의견을
존중하고 있다는 것을 나타내십시오

그러면
상대방도
나의 의견을 존중해 줍니다

¶ 벤자민 프랭클린

자기 속에서 느끼는 불쾌한 감정을
있는 그대로 내뱉어서
상대가 상처를 입거나
불쾌감이나 모멸감을 느끼게 하는 것은
솔직한 것이 아닙니다

그것은 천박함이요
충동에 지나지 않습니다

솔직하다는 것은
서로간의 대화가 가능하도록
조절된 진실을 드러내는 것을 뜻합니다
그리하여 만남과 대화가
다시 복원될 수 있어야 합니다

하지만 상대가 불쾌한 말로
마음을 상하게 할지라도
이를 넘어설 수 있는 자세가 필요합니다.

고양이와 개의 곡해

고양이와 개는 흔히
서로 사귀지 못하고
원수처럼 지냅니다

고양이가 못되어 그런 것일까요,
아니면 개가 못되어 그런 것일까요?

실은 못되어 그런 것은 아닙니다

개는 즐거우면 꼬리를 들고 흔들며 기뻐합니다
고양이는 그 반대입니다

이렇듯 개와 고양이는 정서 표현의 방법이 상반되기에
서로 오해를 하여 사귀는 데 실패하고 마는 것입니다

우리의 인간관계 역시
사람 자체가 나쁘기 때문이라기보다
서로 주고받는 감정 표현 방식이 다르기에
깊이 사귀지를 못하는 것은 아닐까요?

구하라

한 술꾼에게 물었습니다

"왜 그리 술을 마십니까?"
"잊고 싶어서!"

"뭘 잊고 싶으신데요?"
"부끄러운 걸!"

"무엇이 부끄러운데요?"
"술을 마신다는 거!"

못 당할 일입니다
무엇이 문제입니까?

부끄러움을 느낄 양심이 있을지라도
결단하지 않으면
이처럼 자기 늪에서 빠져 나올 길은 없습니다

그 결단의 힘이 없다면
기도하십시오
바른 기도는 결과를 구하는 것에 앞서
이룰 수 있는 힘을
요청하는 것입니다.

서로 존경할 때에 일어나는 힘

 어느 수도원이 쇠락하여
오직 다섯 명의 수도사만이 남았습니다

이를 염려하던 원장이
이웃에 있는 한 오두막집의 랍비를 찾아가 상의했습니다
"어떻게 하면 다시 수도원이 부흥될 수 있을지
삼가 조언을 구합니다."

랍비는 말했습니다
"죄송하오나, 전 드릴 말씀이 없습니다
다만 한 가지 제가 드릴 말씀은 당신들 가운데
메시아가 계시다는 사실입니다."

수도원장은 돌아와 이 이야기를 전했습니다
그러자 수도사들은 생각하기 시작했습니다
"우리들 가운데 메시아가 있다고? 그가 누구일까?"

이러한 물음을 가진 수도사들은 조심스럽게 행동하며,
서로 깊은 존경심을 가지고 대하기 시작했습니다
그러자 수도원 분위기는 예전과 완전히 달라졌습니다

수도원을 찾아온 사람들은 다시 찾아와
수도사들을 만나고 싶어했고,
수도사가 되겠다고 지원하는 젊은이들도 많아졌습니다
마침내 그 수도원은
아주 훌륭하고 커다란 공동체가 되었습니다

서로서로가 주를 대하듯 진실한 마음과 사랑으로,
 그리고 서로 존경할 때에
참된 그리스도의 공동체가 만들어지는 것입니다.

사랑의 완성

사랑하고
대가를 바란다면
지옥문이 열리나

사랑하고
아무 대가를 바라지 않는다면
이미 그 곳은 천국입니다.

일상이 거룩한 것이기에

천국을 보는 눈이 열리면
일상에서 거룩함을 보게 될 것이며
지극히 적은 자에게서
그리스도 예수를
보게 될 것입니다.

우리도 솔개처럼

솔개는 태어난 지 약 40년이 되면
고통스런 수행을 시작한다고 합니다

40년이 되면 깃털이 무거워져
하늘 높이 날아오르기 힘들게 됩니다
뿐만 아니라 부리와 발톱은
굽고 무디어져 사냥할 수 없게 됩니다

이 지경이 되면 솔개는
높은 산으로 날아가 둥지를 틀고
반 년에 걸친 자기와의 싸움을 시작합니다
먼저 자기 부리를 돌이나 나무에 부딪쳐 빠지게 합니다
그리고 다시 새 부리가 나기를 기다립니다

그런 후에 자기 부리로 자기 발톱을 쪼아
발톱을 하나씩 뽑아냅니다
그리고 발톱이 돋아나면

날개의 깃털을 뽑아 새 깃털로 바꿉니다
이 과정을 통한 솔개만이
다시 30년의 새 삶을 살아가게 됩니다

한 마리 솔개에 깃든 하나님의 섭리를 봅니다
우리 사람도 50년 혹은 60년의 삶을 살다보면
우리의 몸과 의식이 둔해지고 무거워지지는 않습니까?

그렇다면 우리의 삶을 다시 시작하기 위하여
우리는 어떠한 노력을 했습니까?

한 마리 솔개도 새 삶을 시작하기 위하여
높은 산으로 올라가
반 년의 고독하고 고통스런 시간을 보내는데,
우리는 어떤 노력을 하고 있습니까?

반 년 아니 3개월만이라도

자신을 돌아보며
새로운 믿음, 새로운 용기, 새로운 미래를 위하여
하나님 앞에 나아가 무릎을 꿇고
자기 성찰과 기도와 결단의 시간을 가져야 합니다

주께서는 우리가 주께 나오기를 기다리고 계십니다
우리에게 거듭난 삶
새로운 삶을 주기 위해.

거룩한 변화

지상에는 오직
상대적인 완전함밖에 없음을
알아야 합니다

또한 사랑받기 위해서는
반드시 완전해질 필요가 없다는 것도
알아야 합니다

서로서로 불완전함 속에서
부드럽고 완벽하게 사랑하십시오

자기 자신에게 관대해지십시오
완벽을 요구하는 것은
인간의 가장 나쁜 적입니다

완전함을 고집하는 것은
오히려 성장에 방해가 됩니다.

아름다운 삶을 만드는 줄기

이 세상에서
가장 아름다운 다이아몬드를 가진
왕이 살고 있었습니다

그런데 어느 날 다이아몬드는
무엇인가에 긁혀 커다란 흠이 나고 말았습니다

왕은 실망하여, 최고의 세공사를 불러
다이아몬드에 긁힌 자국을 없애도록 명했습니다
그러나 그 누구도 흠을 없앨 수는 없었습니다

이때 한 세공사가 나타나 이전의 그 다이아몬드보다
더 아름다운 다이아몬드를 만들어 놓겠다고 했습니다

믿기지 않는 일이 벌어졌습니다
그 세공사는 다이아몬드의 흠을 없애지 않고
그 흠 자국을 줄기 삼아 주변을

아름다운 장미꽃으로 변모시켰던 것입니다

이미 우리가 당한 흠과 상처는 지워지지 않을 수 있습니다
그것에 너무 연연하며 지우려고만 하지 마십시오
그것을 더욱 아름다운 삶을 만드는
줄기로 삼으십시오.

행복의 문 하나가 닫히면
다른 문이 열립니다

그러나 우리는 대개
닫힌 문들을 바라보다가
우리를 향해 열린 문을
보지 못합니다.

¶ 헬렌 켈러

그만 두어야 할 때

그만 두어야 할 때를
알지 못하는 이는
농사를 다 짓고도
들판에서 곡식을 썩히는
경우와 같습니다
그만 두어야 할 때는
자기만 애를 쓴다고 생각할 때
다른 사람의 칭찬을 기대하게 될 때
내가 제일 잘하니
나를 따라야 한다는 확신이 자리할 때입니다.

군살만 제거할 것

미켈란젤로는 이렇게 말했습니다
"모든 돌덩어리와 대리석 안에는
아름다운 석상이 깃들어 있다
그 예술품을 드러내기 위해서
군살만 제거하면 되는 것이다."

진달래는 진달래
철쭉은 철쭉
장미는 장미
흙을 뚫고 나온 나무는
각기 자기의 꽃을 피웁니다

우리의 자녀들도
우리의 학생들도
각기 자기만의 가능성과
자기만의 모습으로 자라게 됩니다

군살만 제거할 뿐
그 이상을 손대는 것은
무리입니다.

둥지가 자꾸 헐리십니까?

어미새 한 마리가 알을 낳기 위해
위험하게도 썩은 나뭇가지 위에
둥지를 틀었습니다

이때 한 농부가 그것을 보고는
그 둥지를 헐어 버렸습니다
어미새는 다음날 똑같은 자리에
다시 둥지를 틀기 시작했습니다

그러자 농부는 또다시 둥지를 헐었습니다
그러기를 수차례, 마침내 새는 그 가지를 버리고
다른 가지로 옮겨 둥지를 틀기 시작했습니다

이를 본 농부는 마침내 어미새가
안전한 나뭇가지에 둥지 트는 것을 보자
환히 웃었습니다

삶의 둥지가 자꾸 헐리고 있는 분이 계십니까?
혹시 안전한 나뭇가지에 둥지를 틀라는
하나님의 인도하심은 아닌지
기도해 보십시오.

마음의 창문을 가지십시오

못생기고 인색하기로 소문난 자기밖에 모르는 부자가
자신이 경영하는 찻집에서
유명한 수도자를 만나게 되었습니다
부자는 인생의 지식까지도 얻어 볼 욕심으로,
기회를 놓치지 않고 수도자에게 가르침을 부탁하였습니다

그러자 수도자는 그를 창가로 데리고 가 물었습니다
"무엇이 보이지요?"
"아, 꽃이 보입니다.
꽃이 저렇게 아름다운지 처음 봅니다!"

또다시 물었습니다
"저 창문으로는 무엇이 보입니까?"
"아, 산과 바다가 저렇게 아름답군요.
이 창에 저렇게 아름다운 산과 바다가 있었다니!"

다른 창문으로 데려가 또 다시 물었습니다

"무엇이 보입니까?"
"잔디밭에서 노는 아이들이 보입니다.
저렇게 아이들이 귀여운지 처음 봅니다!"

부자는 자기 찻집 창밖이 이토록 아름다운지
처음 보았습니다

이번에는 그 부자를 커다란
거울 앞으로 데리고 가서 물었습니다
"무엇이 보이십니까?"
"제 얼굴이 보입니다."

수도자는 말했습니다
"창문과 거울은 모두 유리로 되어 있으나
거울 뒤에는 수은이 칠해져 있어 밖이 보이지 않고
자신만 보이게 됩니다.

마찬가지로 마음이 탐욕으로 칠해진 사람은
온갖 세상의 아름다움은 볼 수 없고,
흉한 자기 모습만 보게 됩니다.

마음의 창문을 가지십시오.
아름다운 삶을 얻게 될 것입니다."

밥값

육적인 삶이란
밥만 먹고 사는 것이요,

영적인 삶이란
밥값을 하며 살려는 것입니다.

산과 계곡은 말이 없어도

산은 높아도
스스로 높다 하지 아니하고

계곡은 깊어도
스스로 깊다 하지 아니하지만

오르고 내리는 이는
그 높음과 깊음을
모르는 이 없더라.

십자가의 자유

큰 소나무는 온실 안에서 자랄 수 없고,
명마名馬는 철조망 안에서 크지 못하듯,
큰 정신을 갖고자 하면
예법禮法과 금지 규정 안에 머물지 말아야 합니다
실수와 잘못조차 용서 받는
넓은 사랑의 땅 위에서 살아야 합니다

큰 물고기를 잡으려면
잔 물고기에 눈이 팔리지 말아야 하듯,
큰 가르침을 성취하고자 하면
작은 제 주머니에 마음을 팔지 말아야 합니다
자신을 넘어서는 십자가의 자유를 품어야 합니다.

사제의 부끄러움

많은 학식을 지닌 한 사제가
여행 중에 큰 강을 건너게 되었습니다

강을 건너는 것이 무료했던지
사제는 사공에게 물었습니다
"당신, 삼위일체가 무엇인지 아시오?"

사공이 대답했습니다
"노나 젓고 사는 주제에 제가 어찌 그런 것을 알겠습니까?
그저 하루 세 번 기도하며 살지요!"

그러자 사제는 다시 물었습니다
"그러면 십자가 구원이라는 것은
무엇인지 아시겠지요?"

사공이 대답했습니다
"저 같은 무식쟁이가

어떻게 그런 것을 알겠습니까?
그저 저는 오늘도 살아 있는 것만으로 감사하며 삽니다."
사제는 가엾다는 듯이 쯧쯧 혀를 찼습니다

갑자기 광풍이 불어오고 배가 뒤집혔습니다
학식 많은 사제는 살려달라고 외쳤습니다

사제가 죽게 되었을 즈음
사공이 사제를 살렸습니다

제 한 목숨조차 지킬 능력도 없으면서
논할 것과 체험으로 얻을 것을 구분하지 못한 사제는
그저 부끄러울 뿐이었습니다.

숲처럼 하늘의 때를 따라

한 마을에 현자賢者가 살고 있었습니다
어느 날 아침,
현자는 수백 가지 녹색으로 덮여 가는
계절에 취해 있었습니다
한 젊은이가 지나가다 그 모습을 보고 인사했습니다

"선생님, 얼마나 바쁘십니까?"

그러자 현자는 한참 젊은이의 얼굴을 바라보더니
웃음 지으며 말했습니다

"그런가? 자네 마음이 바쁘군 그래.
하지만 바쁘지 않고도
저렇게 숲을 일으키는 창조주가 계신 것을 볼 수 있다네!"

우리의 삶도 바쁘게 몰아간다고
무엇을 이루는 것은 아닙니다

숲처럼 하늘의 때를 따라
매순간 리듬과 조화를 이루어 나가야
제 일을 이룹니다

급하게 붓질을 해야
훌륭한 작품을 만들 수 있게 되는 것이 아니고
빠르게 지휘한다고 해서
뛰어난 연주를 할 수 있는 것이 아닙니다
매순간 깊은 마음을 지니고 리듬과 조화를 이루어야
명작이 탄생합니다

우리의 삶도
하늘의 이치를 따라야
명작이 될 것입니다.

절망은 없다

실낙원을 쓴 밀턴은 실명했으며
악성樂聖 베토벤은 청력을 잃었고
미생물학의 혁명가 파스퇴르는 중풍에 걸렸고
헬렌켈러는 청각 장애와 언어 장애를 갖고 있었습니다

그러나 그들은 모두
완전히 성취한 인생을
살아냈습니다

절망은 객관적 사실이 아니라
절망을 받아들이는 마음의 결과일 뿐입니다

삶에 대하여 믿음과 사랑과 소망을 잃지 않는 이에게
절망은 결코 있을 수 없습니다.

큰 나무가 되려면

어떤 버섯은 여섯 시간이면 자랍니다
어떤 호박은 육 개월이면 자랍니다
백두대간의 금강 소나무와 같은
거대하고 멋진 위용(偉容)을 갖추려면
육십 년의 세월이 필요합니다

그것도 제 자리를 지키며
비바람과 더위와 추위를
견디며 자라야 합니다

큰 존재가 되는 것은
하루 아침에 이루어지지 않습니다.

깨지기 쉬운 물건

빈센드 반 고흐는 목사의 아들로 태어나
암스테르담 대학교 신학부에서 공부를 했고,
전도사가 되기도 한 네덜란드 출신의 화가입니다

그는 화가로서 본격적인 활동을 하기 전
벨기에의 탄광에서 일하며 전도를 했습니다

그는 어느 날 한 노동자가 입고 있는
옷을 보게 되었습니다
이 노동자의 옷은
물건을 포장했던 천으로 지은 것이었습니다

옷의 한 부분에 본래 포장할 때 쓰였던 글이
그대로 남아있었습니다
"깨지기 쉬운 물건이니 취급에 주의할 것!"

고흐는 그것을 보며 귀중한 깨달음을 얻었습니다.

고흐는 그때의 심정을 일기에 이렇게 기록해 놓았습니다

"정말 인간이란 깨지기 쉬운 것이다.
나는 전도사라고 하지만 얼마나 자주 깨지는가!
날마다 하나님의 말씀으로 무장해
나를 지켜야 한다."

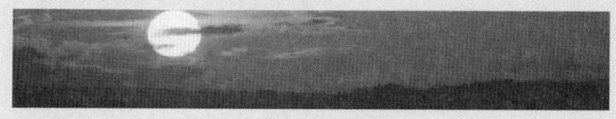

훗날 누군가를 위하여

한 나그네가
쥐엄나무를 심고 있는 노인을 만나서
물었습니다

"이 나무가 언제 열매를 맺겠습니까?"

"글쎄, 한 육, 칠십 년 후가 되겠지."

나그네가 다시 물었습니다

"그렇다면 이 나무의 열매를 따서
잡수실 순 없겠는데요?"

"하하하, 그래도 나무를 심어야지.
내가 처음에 이 세상에 왔을 때에도
선조들이 나무를 심어 놓고 떠나신 덕에
많은 것을 내가 먹었단 말일세."

삶의 풍요와
세상의 아름다움은
훗날에 나타날 누군가를 위하여
땀을 흘린 이름 모를 손길이 있어야
만들어집니다.

물과 배

물 없이
배는 갈 수 없으나

물이 넘쳐
배를 채워도
역시 배는 갈 수 없습니다.

천국 가는 이정표

한 신학자가
얼마 전 다시 오신 예수께 말했습니다.

"당신이 하신 말씀은 아이들 책처럼 쉬워서
저희들은 요즘, 잘 취급하지 않습니다."

예수께서 대답하셨습니다
"도로 표지판이 어려우면 되겠는가?
자네들은 천국이 있을까 없을까를
심각하게 논의하지만,
나는 천국 가는 이정표만을
간단히 이야기해 둔 것이라네!"

경청

성경의 가르침 가운데 가르침은
산상설교입니다

이 말씀은 이렇게 시작합니다
"예수께서 무리를 보시고 산에 올라가 앉으시니,
제자들이 그에게 나아왔다.
예수께서 입을 열어서 그들을 가르치셨다."

이 장면은 권위 있는 가르침을 주시는 분과
그분에게서 가르침을 얻고자 나온
진실한 사제의 관계성을 표현하는 것입니다

즉 "말씀만 하십시오. 제가 듣겠나이다!"
하는 경청의 자세를 보여주는 유대적 표현입니다

최우선 되어야 할 제자의 도는
입을 닫고,

마음은 고요히 하고,
오직 귀만을 열어야 합니다

경청이 이루어지면
순복이 가능하게 됩니다.

하늘의 그물

하늘의 그물은 성글지만
아무도 빠져 나가지 못하고
사람의 그물은 촘촘해도
쉽게 사람을 얻지 못합니다

넓은 하늘의 그물만이
삶과 사랑을 가득
거두어 올립니다

예수의 법은 성글기에
사람들은 벗어나려 하지 않고
그 안에서 자리를 잡습니다.

진정한 대화는

진정한 대화는
입을 여는 것이 아니라
마음을 여는 것.

아이처럼 가슴으로 살아야

아빠가 어린 딸에게
나폴레옹에 대한 책을 읽어 주었습니다
그리고는 나폴레옹이 한 말 가운데
가장 유명한 말이 있다면서 가르쳐 주었습니다
그 말은 "내겐 불가능이란 없다!"라는 말이었습니다

듣고 있던 딸이 말했습니다
"아빠, 그러면 우리 엄마 다시 살릴 수 있어?"

아빠는 대답을 못했습니다
딸은 아침에 일어났던 일이 생각나 다시 물었습니다
"아빠, 그러면 짜 놓은 치약 도로 넣을 수 있어?"

아빠는 아이의 머리를 쥐어박으며,
"그렇다는 말이 아니고, 나폴레옹이 한 말이니까
잘 알아 둬!"

주입식 교육으로 주입하려고 했더니
아이는 자기 삶의 문제를 들고 나왔습니다
아빠의 교육 방법은
주입식 교육, 암기 위주 교육인 것에 반하여
딸아이는 삶의 현실을 바탕으로 한
창의적 사고, 탐구적 학습 태도를 보인 것입니다

우리는 지식과 교리로 굳어진 머리로 살지 말고,
영적 감수성을 가진 아이처럼 가슴으로 살아야 합니다
그러한 이에게 깨달음이 임할 것입니다
깨달음이란 삶의 실재實在를 직접 만나는 데에서
얻게 되는 것이니 말입니다.

도전이 있어야

어부 중에 한 사람만이
먼 바다에서 잡은 청어를
산 채로 가져오는 것이었습니다
그래서 많은 수입을 올리게 되었습니다

많은 이들이 그 비법을 궁금해 했습니다
나중에 알고 보니
비법은 간단했습니다

청어를 담은 활어통에
메기를 집어 넣는다는 것입니다

청어 떼가 못 보던 놈을 보면
경계심을 가지고 긴장하게 되고,
이 긴장 덕분에 고기들이 죽지 않는 것입니다

삶을 긴장 시키는 도전,
그것이 있어야 정신을 차리게 되고
마침내 살아남게 됩니다.

주의 날개 아래

아프리카에 서식하는 독수리의 일종인 '뱀 삽이 수리'는
하늘 높이 날다가 먹이를 발견하면
쏜살같이 내려가 먹이를 낚아채는 민첩한 새입니다

그런데 땅에 내려와 먹이를 먹고 있을 때는 다릅니다
사자나 표범 같은 맹수의 습격을 피하지 못하고
금세 잡혀 그들의 먹이가 됩니다

그 이유는
맹수들이 공격을 하는 순간,
당황한 나머지 날지 않고
혼신의 힘을 다해 뛰기 때문입니다
자신이 날 수 있다는 것을 잊은 것입니다

이런 일이 '뱀잡이 수리'에게만 일어나는 일일까요?
인생의 어려움을 당하고 뜻하지 않은 낭패를 보았을 때에
대다수 사람들도 마찬가지입니다

자신이 다시 날아오를 수 있다는 사실을 잊고 맙니다

세상에서 불어오는 염려와 근심에 사로잡히면
어쩔 수 없이 다시 날 수 있다는 사실을 잊게 됩니다

이럴 때에는 주의 날개 아래 피하셔야 합니다
주께서 주시는 위로와 평안을 구하시고,
이를 받아 누려야 합니다
그리고 다시 날아오를 용기를 구한다면
맹수처럼 공격해 오는 절망감과 실패감에서 벗어나
다시 하늘을 높이 날게 될 것입니다.

마침내 내리는 비

한 인디언 부족의 추장은
기우제를 지내기만 하면
신통하게도 비가 내린다고 합니다

무슨 이유인지는
다 알 수 없지만
분명한 것은
그는 비가 올 때까지
기우제를 지낸다는 것입니다.

웃다 보면

꼭 웃을 이유가 있어야
웃는 것은 아닙니다

웃는 마음으로 대하면
웃을 수 있고

웃다 보면
웃지 못 할 일이 없다는 것을
알게 됩니다.

내면의 길

착하다는 것으로
잘 살고 있다고 여기는 이가 있고,
많이 가졌다는 것으로
인생을 이룬 줄로 여기는 이가 있고,
높이 올랐다는 것으로
인생이 다 된 줄로 여기는 이가 있습니다

그러나
착하다는 것은
약하다는 것과 통할 수가 있고,

많이 가졌다는 것은
속이 궁핍하다는 것과 통할 수가 있고,

높이 올랐다는 것은
열등감이 많다는 것과 통할 수가 있기에,
착하고, 많이 가졌고, 높이 오른 것만으로
좋은 인생이라 여기는 허상에서 벗어나야 합니다
착한 것만큼 강함이 바탕이 되어야 하고,
많이 가진 것만큼 가난한 마음이 그득해야 하고,
높이 오른 것만큼 소박함을 즐기는
내면의 길 가기를 익혀야 합니다.
   ¶ 〈둥둥 영혼을 깨우는 소리, 이주연 저, 형성사〉에서

자신과의 싸움

한때 유럽을 지배했던 황세 나폴레옹이
유배지 세인트헬레나에서
이런 고백을 남겼습니다

"나의 실패에 대한 책임은
나 자신 외에는 아무도 없다
나 자신이 바로 나의 적이요,
비참한 운명의 원인이다."

자신과의 싸움에서 이긴 사람만이
자기 운명의 승리자가 되며,
삶에 대한 최후의 책임은
자기가 지게 될 것임을 알고
결연히 삶에 참여하는 사람만이
후회를 남기지 않을 것입니다.

사랑하고 받은 시간만이

사랑 없이
인생 여행을 하지 마십시오

마지막 세상을 떠날 때에
우리가 물어야 할 것은
이것 뿐입니다

"얼마나 사랑받고
사랑하였는가?"

사랑한 시간과
사랑받은 시간만이
산 시간입니다.

¶ 엘리자베스 큐블러 로스

웃으니 좋은 것이지

항상 웃는 노인이 살고 있었습니다
그래서 마을 사람들에게서 부러움을 사기도 하고
미움을 당하기도 하였습니다

마을 사람들이 모여서 왜 그 노인이 웃는가를
이야기하다가 논쟁이 붙었습니다

부러워하는 사람들은
"좋은 일이 많으니 저렇게 웃으며 사는 것이지.
그렇지 않고서야 어찌 웃을 수 있단 말인가."
라고 주장했습니다

미워하는 사람들은
"인생은 고통의 바다 위에 떠 있다는 것을
우리가 다 알고 있지 않은가!
그럼에도 저렇게 항상 웃는 것을 보면
저 늙은이는 분명 가식 덩어리야!"

라고 반박했습니다

논쟁은 이어지고 끝나지 않았습니다
그러자 한 사람을 보내 노인에게 묻게 했습니다
"노인장, 어찌 항상 웃고만 사십니까?
그 까닭은 무엇입니까?"

그러자 노인은 여전히 껄껄껄 웃으며 대답했습니다
"웃으니 좋은 것이지,
어찌 좋아서만 웃는가?
하하하……."

가난한 마음

어느 날 미국 나이아가라 폭포로 향하는 강의 지류에
커다란 얼음덩어리가 떠내려가고 있었습니다
그 얼음덩어리 위에는 양 한 마리가 얼어붙어 있었습니다

그때 하늘에서 커다란 독수리 한마리가 쏜살같이 내려와
먹이를 놓치지 않으려고 발톱으로 양을 움켜쥐고는
살을 뜯어먹기 시작했습니다

그런데 독수리는 폭포가 점점 가까워 오고 있다는
사실을 잊어버리고 있었습니다
갈수록 폭포소리가 우렁차게 들리자
독수리는 옆을 한번 쳐다봤지만
대수롭지 않게 생각했습니다
날개를 활짝 펴고 창공을 날면 된다고 생각했던 것입니다

마침내 얼음 덩어리는 폭포에 다다랐고
독수리는 날개를 펴고 날아오르려고 했습니다

그런데 날개만 푸득거릴 뿐 날아오르지 못했습니다
양털 깊숙이 박힌 발톱이 이미 얼음에 얼어붙은 것입니다

결국 독수리는 양의 사체와 함께
폭포에 떨어져 죽고 말았습니다

이처럼 탐욕과 집착은
우리를 낭떠러지로 떨어뜨립니다
죄악은 비록 작은 것일지라도
물들면 쉽게 그 자리를 떠나지 못합니다
그리고 우리를 죽음으로 몰아갑니다

오직 가난한 마음만이
생명을 주며 자유를 주는 것입니다.

침묵수련이란

침묵 수련이란
입을 막는 통제가 아니라

입을 열어도
시끄러운 소리가 나지 않는 것

실컷 떠들어도 마음의 고요가
깨지지 않도록 하는 것.

불평

이슬이 춥다고 하나님께 불평했습니다
그래서 태양이 떠올랐습니다
이슬은 곧 사라지고 말았습니다

우리가 제 길을 가기에 필요한 것은
이미 충분히 마련되어 있습니다
눈이 있으면 보일 것입니다.

진정한 은혜와 값싼 은혜의 차이

농 트기 전에
밤은 더욱 캄캄해지고
아기가 태어나기 직전에
산고産苦는 극에 달합니다

해맑은 하늘이 열리기 전에
천둥 번개와 비바람이
하늘을 채웁니다

참 은혜로 거듭날 때에도
죽음 같은 고통이 따릅니다

죽지 않고서야 거듭날 수 없고
죽는 데 고통이 없을 수 있겠습니까?

이것이 진정한 은혜와
값싼 은혜의 차이입니다.

세상과 종교

세상은 대낮의
태양과 같은 것이고

종교는 한 밤의
별과 같은 것입니다

그러하기에 종교가
돈과 권력에 몰두하면서
세상의 전면에 나서는 것은 곤란합니다

종교는 해가 졌을 때에
빛을 발하며
길을 이끌어주고
영원의 창을 열어주어야 합니다.

훌륭한 소방관

훌륭한 소방관은
물만 많이 쓰지 않으며

훌륭한 조각가는
돌만 많이 깎아내지 않습니다

훌륭한 사업가는
돈만 많이 쓰지 않으며

훌륭한 연설가는
말만 많이 하지 않습니다

이렇듯 영적 삶에 이른 이들은
삶을 낭비하지 않고 성취합니다

이러한 지경에 이르고자 하면
전체를 보는 눈과

순간에 집중할 수 있는 힘과
여유를 가질 수 있는
깊은 숨을 유지하고 있어야 합니다.

아름다운 나눔

보릿고개가 있던 시절의 이야기입니다
어느 집 주인은 매일 아침
우유를 집으로 배달시켜 먹었습니다
그런데 어느 날 담장 위에 놓고 가는 우유를
누군가가 집어 가는 것이었습니다
주인은 몹시 화가 났습니다
그래서 골탕을 먹여 되갚아 주겠다고 생각했습니다
이튿날 새벽 기도를 드리러 나가다가
새벽에 배달된 우유병을
구정물을 넣은 우유병으로 바꿔 놓았습니다

그는 교회를 가면서
잠시 후에 있을 장면을 생각하면서 웃었습니다
그런데 얼마 후 교회에서 기도를 하는 중에 문득,
만삭이 되어 힘들게
산동네로 오르던 여인의 모습이 떠올랐습니다
혹시 그동안 아기를 낳았는데 잘 먹지 못해서

젖이 나오지 않아 우유를 가져간 것은 아닐까?

그는 기도하다 말고 벌떡 일어나
급히 집으로 돌아왔습니다
다행히 구정물을 넣어 둔 우유병은 그대로 있었습니다
그는 이튿날부터 우유를 두 개 배달시켰습니다
그리고 매일 한 개만 가지고 들어왔습니다.

사랑, 그 어리석음에 이르기를

목회를 하며 가장 큰 좌절은
수년 동안 함께 영적 생활을 하였는데도
여전히 똑똑하기만 한 교인을 볼 때입니다

그리고 더욱 낙담이 되는 경우는
갈수록 똑똑해지는 교인을 볼 때입니다

세상의 처세에 민첩하고
계산에 빠르고
부정적 비판에 탁월함이
다름 아닌 세상일입니다

교회종교가 할 일이란
똑똑한 사람을 만드는 것이 아니라
마음을 닦는 일입니다

가난한 마음

슬퍼할 줄 아는 마음
청결한 마음
의에 주리고 목마른 마음
용서하는 마음

그런 마음들을 사모하게 되면
똑똑함이 녹아내리고
사랑이 자라게 됩니다
그리하여 마침내 그 어리석기만 한
십자가의 큰 사랑에 이르는 것입니다.

영적 질환

낡은 버스 한 대가 털털거리며
천 길 낭떠러지 곁으로 난 비포장 길을 달리고 있었습니다

그 버스를 탄 여행객들은 손에 땀을 쥐며
숨죽인 채 불안에 떨었습니다
그런데 한 소년은
콧노래를 부르며 즐거워하기만 했습니다

소년의 옆에 있던 여행객이 물었습니다
"얘야, 넌 무섭지도 않니?"
"무섭긴요? 하나도 무섭지 않은데요."
그 대답에 놀란 여행객은 잠시 후 다시 물었습니다
"정말이니?"
"그럼요. 지금 우리 아버지가 운전하고 계시거든요!"

이 이야기는 같은 상황이어도
믿음을 가지고 대하는 경우와

그렇지 못한 경우를 비교하는 이야기입니다

우리의 삶이란 바로 이러한 믿음의 시험장은 아닐까요?
급히 달려가는 세상을 멈추어 세우지도 못하면서,
그렇다고 자신의 앞날을 믿지도 못하기에
불안과 초조 속에 밤잠을 자지 못하는 경우가
허다하니 말입니다.

사실 우리 삶의 근본 문제는
믿을 수 없는 위험한 실제 상황보다도,
넉넉히 믿을 수 있는 현실에서조차
믿지 아니하는 영적 질환입니다.

내지가
열매를 맺고
평온한 까닭은

의심하지 않고
흔들림이 없기 때문입니다.

깊은 울음

깊은 울음은
명상입니다

진정한 자기 소리이기 때문입니다

이 울음에 이르지 아니한
회개의 고백은
충분하지 않습니다

자기의 고통과 허물을
다 쏟아내지 못하기 때문입니다.

반성할 줄 아는 사람

반성할 줄 아는 사람이 서 있는 땅은
가장 훌륭한 랍비가 서 있는 땅보다 더 고결하다.

¶ 탈무드

오늘이 인생의 마지막 주말이라고 한다면
어떻게 하시겠습니까?

여행자는 마지막 남은 땅을 밟고자
한 걸음 발을 더 내딛을 것입니다

등산가는 마지막 봉우리를 밟고자
혼신의 노력을 할 것입니다

작가는 더 훌륭한 작품을 남기고자
마지막 탈고를 할 것입니다

그렇다면 영성의 길, 하나님께 이르는
순례의 길을 가는 믿음의 사람들은 어찌해야 하겠습니까?

우선 하나님 앞에 나와 무릎을 꿇고
자신의 삶을 되돌아보는
일부터 시작해야 할 것입니다.

말을 잘하는 이는
잘 싸울 수 있지만,

귀를 잘 사용하는 이는
싸우지 않고도
이길 수 있습니다.

밤이 찾아오면

차이가 난다고
남이라고 생각하지 말고

다른 길을 간다고
다른 편이라며
멀리 하지 마십시오

애써 별다르게 행동하지도 말고
지나치게 다른 길을 가려고도 하지 마십시오

결국 밤이 찾아오면
만물은 모두 같은 색이 됩니다.

한 젊은 병사의 어리석음

한 젊은 병사가
유명한 갑옷장이를 찾아가
어떤 칼로도 뚫을 수 없는
갑옷을 만들어 달라고 주문했습니다

얼마 후 갑옷장이는 주문대로 만들어주었습니다

그러자 이번에는
어떤 갑옷이라도 벨 수 있는 칼을
만들어 달라고 주문했습니다

이윽고 그런 칼이 만들어졌습니다

그러자 젊은 병사는 절대 승리
절대 불패의 확신을 가지고
전쟁터로 나갔습니다

그런데 뜻밖의 일이 벌어졌습니다
싸우는 도중 어쩔 수 없는 상황이 벌어져
자기 칼이 자기 갑옷을 뚫고 들어와
몸을 관통했습니다

절대 승리와 성공의 조건을 갖추었어도
실패와 패망이 찾아들 수 있습니다
그것은 바로 자기 자신을 통해서!

소망으로 살아남기

유명한 피아니스트였던 허만은
나치 독일 치하에서 전쟁을 반대하여
강제 노동 수용소에 수감되었습니다
대다수의 사람들이 그 수용소에서 죽어갔는데
그는 죽지 않았습니다

그 이유는 무엇이었을까요?
간단하고도 분명한 것이었습니다
허만은 다시 피아노를 연주할 날이 올 것이라고
확고하게 믿었던 것입니다
그래서 그는 죽음으로 몰아가는 강제 노역에 시달리면서도
매일 잠들기 전에 한 시간씩
나무 침대를 피아노 건반삼아
연주를 했습니다

무엇이 우리를 죽을 처지에서도
살아남게 하는 것입니까?

거울은
너를 보고
먼저 웃지 않는다.

언행일치

사람이 신뢰를 받고 존경을 받으며
영성의 기초 위에 서서
힘 있는 삶을 살기 위해서는
무엇이 필요하겠습니까?

그 첫째는 언행의 일치라 여깁니다
한 사람의 입에서 나온 말이
그의 행위가 될 수 있을 때에야
신뢰와 존경이 생기며,
그 자신이 영적으로 힘 있는 삶을 살게 됩니다

간디의 유명한 일화가 있습니다
간디에게 한 여인이
어린 제 아이를 데리고 찾아와 부탁했습니다
"선생님, 제 자식이 단 것을 하도 좋아해서
이가 썩고 있습니다.
단 것을 먹지 않도록 따끔하게 말씀을 좀 해주시지요.

제가 말해서는 소용이 없습니다."

간디는 잠시 생각을 하더니, 일주일 후에 오라고 했습니다
여인은 그 까닭을 알 수 없었지만,
일주일 후에 찾아왔습니다

이때 간디는 아이에게 말을 하였습니다
"얘야, 단 것을 많이 먹는 것은 해로우니 먹지 말거라!"
그리고는 더 이상 아무 말이 없었습니다

여인은 의아해서 간디에게 물었습니다
"선생님, 그런 말씀이었으면 지난 번 왔을 때
해주셨어도 되지 않았습니까?"

간디가 대답했습니다
"그렇긴 하지.
그러나 그땐 나도 단 것을 즐기고 있었거든!"

이처럼 자기의 삶과 말이 일치될 때
말에 힘이 생기는 것이고,
이때에 비로소
존재의 힘이 발생하게 됩니다.

사랑이 깊어지면

사랑이 깊어지면
진정 섬기는 마음으로
행하게 되고

진정 섬기는 마음으로
행하는 이는
아무 것도 행하지 않는 이와
같은 마음으로 행합니다

왜냐하면 그는
쟁취하지 않고
삶을 성취할 뿐이며

자신을 위한 것이 아니라
하나님을 따르는 순리요
순복順服일 따름이니 말입니다.

누가 붙잡고 있다고

젊은 제자가
스승에게 물었습니다

"저는 언제나
해방될 수 있겠습니까?"

스승이 대답했습니다

"누가 자넬
붙잡고 있다고 그러는가?"

¶ 아드바이타의 가르침에서

기뻐하라

기뻐하라!
인생에 부여된 사명은 기쁨이다
하늘을 향해
태양을 향해
풀을 향해
인간을 향해
기쁨의 노래를 바쳐라!

이 기쁨이 사라지지 않도록 주의하라
만에 하나 인생에서
이 같은 기쁨이 사라졌다면
그것은 어딘가에서 길을 잃었기 때문이다.

¶ 톨스토이

진리는 무엇입니까?

한 젊은이가 진리를 얻고지
선생님을 찾아가 배움을 청하였습니다

그런데 몇 해가 지나도록
스승은 제자에게
진리가 무엇인지에 대하여
말해 주지 않았습니다

그러자 제자는 선생님께 물었습니다
"선생님, 어찌 제게
진리가 무엇인지
말씀해 주시질 않으십니까?"

스승이 대답했습니다
"지금까지 자네가 내 집에 머문 이후
줄곧 진리를 가르쳐 주질 않았는가?"

"선생님, 언제 제게 진리를 가르쳐 주셨습니까?"

"가르쳐 주었지!
자네가 아침에 차를 가져왔을 때
내가 그것을 받아 마셨고,
자네가 아침 문안 인사를 하였을 때
내가 받지 않았는가?"

진리란 정성을 다하여 섬기는 일이요,
그 섬김을 정성을 다해 받아 주는 일입니다
또한 진실한 마음으로 문안할 때
진정한 마음으로 받아 주는 것입니다
진리란 추상이 아니라,
구체적인 사랑이니 말입니다.

철창 밖의 별

두 사람이 교도소에
갇혀 지냈습니다

그런데 한 사람은
눈앞의 철창만 바라보며 지냈고
또 한 사람은 철창 넘어
별을 바라보며 지냈습니다

오랜 시간이 흐른 후에
눈앞만 바라보고 지낸 이는 마음이 강퍅해지고
얼굴이 분노로 일그러졌습니다
몸에 갖가지 병이 찾아들기 시작했고
영혼은 자신과 삶을 저주하게 되었습니다

철창 넘어 별을 바라본 이는
마음이 고요해지고
얼굴에 미소가 깃들기 시작했습니다

기도로 하루를 시작하며 생기가 넘쳤습니다
훗날 만나게 될 가족과 친구들에게
자기의 새로운 모습을 보여주고 싶다는 기대를 품고
새로운 삶을 살았습니다.

먼저 해야 할 것

복권도 당첨되기 전
복권 들고 카드 쓰는 사람의
마지막 길이 어디인지
모를 이가 없습니다

그것은
일도 배우기 전
가게부터 차리고

정치도 배우기 전
의원 자리부터 차지하고

사랑도 알기 전
몸부터 앞세우고

노래도 배우기 전
무대부터 차지하고

실력도 쌓기 전
강단부터 오르고

헌신도 배우기 전
성직의 옷부터 걸치는 형국

어둠을 밝힐 등불이라면
차지하기 전에
먼저 준비해야 합니다.

천사의 옷은 꿰맨 데가 없듯이
하나님이 만든 세계는
이어지지 않는 곳이 없습니다
하지만 사람만이 어리석어
자기 담장을 높이 쌓으며 삽니다.

날고 싶다면

꿈을 이루고 싶다면
긍정적인 말과
희망적인 태도를 지닌 사람과
손을 잡으십시오

희망을 향해
함께 노 저을 사람과 노를 저어야
목표에 도달할 수 있습니다

한 사람이 뒤로 노를 젓게 된다면
그 자리를 맴돌다 지쳐 버리고 맙니다

마찬가지로 긍정적인 말과
건설적 태도를 가진 사람과
친구가 되고 한 팀이 되면
지치지 않고 힘차게 노를 저을 수 있습니다

정녕 날고 싶다면
독수리와 손을 잡아야지
타조와 손을 잡는다면
날지 못하는 것과 같습니다.

선한 사마리아 사람의
이름과 주소를 알고 계십니까?

프랑스의 훌륭한 설교가인 오베르랑 목사는
젊은 시절, 자신의 목숨을 구해준 한 농부의 말에
큰 깨달음과 감동을 얻었다고 합니다

그가 젊었을 때였습니다
그는 눈 덮인 알프스에 등산을 갔다가
발을 잘못 디뎌 깊은 계곡으로 떨어지고 말았습니다

그는 어느 집 방안에서 눈을 떴습니다
그리고 자신을 구해 준 그 집 주인이
그가 깨어나기를 지키고 있었습니다

그는 말했습니다
"당신은 내 생명의 은인이십니다.
당신의 이름은 무엇입니까?
이곳의 주소는 어떻게 됩니까?
돌아가서 반드시 은혜를 갚겠습니다."

그러자 그 집 주인은 웃으면서 말했습니다
"저도 한 가지 묻겠습니다.
제 질문에 대답하실 수 있다면,
저도 제 이름과 주소를 알려 드리겠습니다.
당신은 예수님께서 비유로 말씀하신
선한 사마리아 사람의
이름과 주소를 알고 계십니까?"

자선과 도움의 완성은 행함에 있지 않고
그 마음에 있는 것입니다
선한 일을 하고도 스스로
그것을 잊고 넘어가는 이에게는
영혼의 향기와 빛이 새어나옵니다.

순전純全한 기도문

제2차 세계대전 당시
구만 이천여 명의 어린이와 여성이 살해된
라벤스부르크에서 이런 기도문이 발견되었다고 합니다

"주님,
좋은 뜻을 지니고 있는 사람들만 기억하지 마시고
악의를 지니고 있는 사람들도 기억하소서.

하오나
그들이 저희에게 준 고통만을 기억하지 마시고
그 고통으로 인하여 얻은
저희들의 열매인
저희들의 우정과 충성심, 겸손함과 용기, 관대함
그리고 이 모든 고통을 통해서 성장한
저희들 마음의 위대함도 생각하게 하소서.

그리하여 마지막 심판 날에

저희가 맺은 이 모든 열매들이
저희에게 고통을 준 그 사람들을 위한
용서의 제물이 되게 하소서."

사람이 이토록 아름다울 수 있을까?
자신에게 고통을 주고 해를 가하는 사람들을 위해
이런 기도를 바칠 수 있는 사람이란
얼마나 순전한 사람인가?

사람을 두들겨 보면

망치 하나로 큰 수입을 올리며
귀중한 일을 하는 사람이 있습니다
그는 망치로 건물 벽과 바닥과 기둥을 두들겨 보고
소리로 건물이 얼마나 단단히 잘 지어졌는가를
알아냅니다
두들겨 보면 시멘트와 모래와 철근의 비율에 따라
소리가 다르기 때문입니다

사람도 건물처럼 두들겨 보면 소리가
달리 나지 않을까?
믿음과 소망과 사랑의 배합에 따라
각기 다른 소리가 날 것 같습니다

영혼의 불순물이 적고,
믿음과 소망과 사랑이 잘 배합된 영혼에겐
적어도 징징거리는 소리나
죽겠다는 소리가 나지는 않을 것입니다.

산 제사

삶은 참가에
의의를 두는 곳이 아닙니다

삶은 제대로 살았느냐
아니면 죽기라도 제대로 하였느냐

회한을 남기지 말고
자신을 내신 하늘의 뜻대로
자신을 거룩하게 바칠
산 제사가 되어야 합니다.

하나님의 인도하심을
받아야 하는 이유

우리 인간은 누구도 예외 없이
소경이라는 사실을 자각해야 합니다

이 자각이 우리로 하여금
어둠을 벗고 자유에 이르게 합니다

이것이 무슨 말입니까?
인간이란 운명과 미래에 대하여 소경입니다
오늘이라는 시간에 갇힌 소경입니다
과거로 돌아가지 못하고
미래를 보지 못하는 소경입니다

그러하기에
하나님의 인도하심을 받아야 합니다.

마음의 눈

포토저널리즘의 아버지,
앙리 카르티에 브레송은 말합니다
"사진을 찍을 때 한쪽 눈을 감는 이유는
'마음의 눈'에 양보하기 위한 것이다!"

깊은 아름다움과 참됨은 눈으로 포착되지 않고
마음으로 포착되는 세계입니다

마음을 얻어야 합니다
가난한 마음을 얻는다면 천국을 보고
깨끗한 마음을 얻는다면 하나님을 볼 것이라고
예수께서 말씀하셨습니다

이 길은 지옥을 겪지 않고
악마를 보지 않는 길이기도 합니다.

제 목숨을 스스로 끊는 자

한 선장은 자기의 모든 것을 드려
큰 배를 지었습니다

어느 날 물에 빠진 사람들이
이 배를 타게 되었습니다

그들은 크게 감사했습니다
선장을 칭송하기도 했습니다

그러나 시간이 지나 여유가 생기자
배가 목선이라 빨리 못 간다느니
선장이 힘이 없어 노를 잘 젓지 못한다느니
갖가지 불평을 늘어놓기 시작했습니다

어찌된 일인지 배가 가라앉기 시작했습니다
배에 구멍이 난 것입니다

얼마가 지나지 않아 배는 가라앉고
불평하던 자들은 상어의 밥이 되었습니다.

사실이 아니라 믿음으로

약속의 땅 가나안에 들어가기 위해
모세와 아론은 각 지파의 대표자들을 뽑아
정탐을 하게 했습니다

그 결과 10대 2로 나뉘었습니다
열 명은 사실fact만 보았습니다
'그곳은 크고 강대하여 차지할 수 없다'는 사실입니다
그래서 칼에 맞아 죽을 것을 두려워하며
불평과 원망만 늘어놓았습니다

그들은 결국 모세와 아론을 굴복시켰습니다
대역 죄인이 되어버린 것입니다

그러나 두 명은 이렇게 보고했습니다
"그곳은 심히 아름다운 땅이며,
여호와께서 우리를 기뻐하시면
인도하여 주시리라."

사실fact이 아니라 믿음faith으로 바라본 것입니다

그리고 '여호와께서 우리를 기뻐하시는' 조건을 말합니다

첫째는 여호와를 거역하지 말라
둘째는 두려워하지 말라
셋째는 여호와는 우리와 함께 하시느니라.

¶ 민 14 : 9, 10

하늘이 높고 비어 있기에

하늘이 높고
텅 비어 있기에
들에서는 곡식이 자라고
숲에선 나무가 자라고
열매를 맺습니다

우리가 마음을 비워
높고 너른 마음을 유지하면
우리는 인생의 들에서
많은 곡식과 열매를
얻게 될 것입니다.

믿음의 뿌리

뿌리에서 물을 빨아 올려
싱싱하게 생명력 넘치게 자라는 배추를 보며
그 뿌리의 힘을 느낍니다.
실로 그 푸름은 꽃보다 아름답습니다

삶의 길에서는
예수를 믿기만 한다고 해도
생명의 뿌리를 얻습니다

그러나 예수를 따르지 않는다면
뿌리는 있으나 물을 빨아올리지 않는
배추와 같습니다

그런 경우가 있을 수 있을까요?
그러하기에 예수를 따라
마음이 움직이지 않는 영혼은
처음부터 믿음이 아니었던 것입니다.

우리가 머뭇거릴지라도

우리가 머뭇거릴지라도
인생은 종착지를 향하여
강물처럼 쉼 없이 흘러간다

뛰어들라
몸을 던지라

그 어떤 실패도
삶을 낭비한 것 보다
더 큰 손실일 수는 없다.

꽃병을 들고 있어야
꽃이 담깁니다

만일 당신이
쓰레기통을 들고 있다면
무엇이 담기겠습니까?

가난한 마음에 천국이

한 알의 진통제는
우리의 고통을 진정시키지만
한 주먹의 진통제는
우리를 죽음으로 몰아갈 것입니다

재물도 명예도 힘도
필요한 만큼 가지려 해야 합니다

그것을 넘어서면
재물과 명예와 힘이
우리의 삶을 패망과 죽음으로
몰아갈 수도 있습니다

가난한 마음에 천국이 깃듭니다.

진정한 성자

한 제자가 성 프란시스코에게 물었습니다
"선생님은 자신을 어떤 사람이라고 생각하십니까?"

성 프란시스코가 대답했습니다
"내가 이 세상에서 제일 악한 사람이지!"

제자가 다시 물었습니다
"선생님, 그 말씀이 진심이십니까?
선생님께서 스스로 악하다고 하시면
살인자나 거짓 증거하는 사람들은 어찌합니까?"

성 프란시스코는 웃으며 대답했습니다
"자네가 잘 몰라서 그러네!
만일 내가 받은 은혜를 다른 사람들이 받았으면
그들은 나보다 훨씬 더 좋은 사람이 되었을 걸세.
내가 얼마나 많은 은혜를 받고 사는지
자네는 잘 모르네."

병이 없다면

병이 없기만을
바라지 마십시오

병이 없는 몸이라면
어찌 절제를 알며

병이 없는 마음이라면
어찌 인생의 깊은 것을 체득하며

어찌 내 몸처럼 남들과 함께
울고 웃을 수 있겠습니까?

도움에 관하여

도와주면서
감사히 여겨 줄 것을 고대한다면
손을 접으십시오
스스로 화를 일으킬 것이니

도움을 받으면서도
고마움이 일지 않는다면
도움을 받지 마십시오
스스로 배반자가 될 것이니

도움을 준다면
오직 오른손이 하는 것을
왼손이 모르게 하는 자유를 지니고

도움을 받는다면
목숨으로 보은할 단호함에 이르러야 합니다.

진짜 사랑

아일랜드 출신 극작가 버나드쇼는
꽃을 대단히 좋아했습니다
그런데 집 안에 꽃병이 하나도 없었습니다

어느 날,
손님 중에 한 사람이 물었습니다

"선생님, 당신은 꽃을 무척
사랑하는 것으로 알고 있는데,
집 안에 꽃병이 하나도 없으니
어찌된 일입니까?"

그는 웃으면서
손님에게 반문했습니다

"선생님께선 아이들을 사랑하시지요?"
"그럼요!"

"아이들을 사랑한다고 해서
그 아이들의 목을 잘라
꽃병에 꽂을 수 있겠습니까?"

진정한 사랑이란
한 송이 들꽃이라 할지라도
자기를 위한 수단으로 쓰지 않습니다.

사랑의 불꽃으로

추운 겨울, 노숙자 수용소에서 있었던 일입니다
이 수용소는 추위를 피해 찾아 온
많은 노숙자들로 넘쳐나고 있었습니다
간이침대와 침낭이 부족해 노숙자들은 서로 아우성을 쳤고,
자원봉사 책임자는 정신없이
물품을 구하러 다녀야 했습니다

그러나 물품은 턱없이 부족했고 담요는 바닥이 났습니다
그런데 한 만취한 노숙자가 마지막 남은 담요 한 장을 얻어
덮어 쓰고는 잠이 들어버렸습니다
그 노숙자는 거의 일 년 동안을 노숙하며 지냈기에,
그에게서 나오는 악취에 못 견뎌
주위 사람들은 짜증을 냈습니다
시간이 지나자 사람들 사이에서
그 사람 때문에 못 견디겠다는 불만이 터져 나왔습니다

이윽고 사람들은 인사불성이 된 그를

수용소 밖으로 끌어내려 했습니다
그들의 기세를 꺾기가 쉽지 않은
상황이 벌어지고 있었습니다

이때 자원 봉사자 한 분이 다가와
인사불성이 된 노숙자의 발을 세숫대야에 담그고
씻어주기 시작했습니다

그러자 그 냄새나는 노숙자를 던져 버리려고 했던 사람들은
한 사람 두 사람 자기 자리로 돌아가기 시작했습니다

그리고 그날 밤 그의 머리맡에는
따뜻한 양말 한 켤레가 포개져 있었습니다

삶의 문제를 푸는 방법은 여러 가지가 있습니다
그러나 따뜻한 물로 발을 씻겨주는
이 사랑의 손길보다 더 훌륭한 방법이 있을까요?

진실한 사랑의 온기는 전파되는 것이어서
다른 이들의 마음을 녹이고
그들 속에 감추어져 있는 사랑의 불꽃을 살려내게 됩니다

사랑의 빛으로 세상을 밝히고
사랑의 불꽃으로 다른 이들의 가슴에 불을 지필 수 있다면
우리는 전혀 다른 세상에서 살 수 있게 될 것입니다.

행복과 소명

흑인 인권운동가 마틴 루터 킹 목사는
"가장 행복한 사람은
자신이 목숨을 바칠만한
그 무엇을 발견한 사람"이라고 했습니다
이를 소명이라 합니다

이러한 이가 바로
잠시 지나는 이 삶의 길에서
영원으로 열린 창을
발견한 사람입니다.

여유를 담은 유머

상해 임시정부 시절
해공 신익희 선생님의 이야기입니다

해공은
바닥이 다 해어진 양말을 신고 다녔습니다
그걸 본 동지가 안쓰럽다는 듯이 말했습니다

"여보시게, 해공.
아무리 궁하기로서니 양말이 대체 그게 뭐요?
숫제 바닥이 없질 않소?"

그 말에 해공은 빙그레 웃으며 대답했습니다

"허허, 이건 양말이 아니라 발 이불이오.
양말을 신어야 한다면
내가 하필 왜 이런 걸 신고 다니겠소?"

이러한 여유와 유머와 당당함은
어디서 나오는 것이겠습니까?

자신의 가난과 어려운 처지가
자신의 무능과 나태함 때문이 아니라
큰 뜻을 품고
스스로 어려운 처지에 몸을 담았기에
가능한 것 아니겠습니까?

십자가 자유의 길

싫어하는 것은 기꺼이 하지 말고
좋아하는 것은 기꺼이 하십시오
그러면 나를 얻습니다

그러나 여기에 머물면
자신의 철창에 갇히고 맙니다

싫어하는 것일지라도 할 일이면 기꺼이 하고
좋아하는 것일지라도 할 일이 아니면 기꺼이 하지 않을 때
자기 초월을 경험하게 될 것입니다

이러한 이는 자유로이 십자가를 질 수 있는
드높은 믿음의 지경에 이르러
자기 초월을 경험하게 될 것입니다.

같은 샘의 물을 마시면서도
웃으며 마시는 이가 있고
찡그리며 마시는 이가 있습니다

행과 불행은
물에 있지 아니하고
마음에서 나는 것이니.

심각함을 벗고

하루하루 맞이하는 날마다,
쓸 데 없는 일을 피하며,
매 순간 자신에게 가장 중요한 일을
기쁘게 이루어가는 것!
깨달은 이의 길입니다

어떻게 해야 그런 삶을 살 수 있겠습니까?
술 취함에서 깨어나듯
탐욕과 나태함,
분주함과 어수선함에서 벗어나
매 순간 자신의 삶에 집중하여
지금 - 여기를
충만한 기쁨으로 살아야 합니다

집중은 심각함과 다릅니다
집중은 호기심과 기쁨 중에 몰입하는 것이나
심각함이란 부정적 감정과 혼란 속에 집착하는 것입니다

짜증을 부리고 성을 내는 사람은
집중하고 있다고 말하지 않습니다
그들은 오직 심각할 따름입니다
거기에는 정성과 사랑이 없기 때문입니다.

시종일관 한걸음씩

하반신이 마비된 장애인이
캘리포니아 주 엘카피딩 봉에 도전하여 성공하였습니다
그 암벽의 높이는 자그마치 천 미터나 됩니다

그의 성공은 삼십구 도의 폭염 속에서 구 일 동안이나
암벽에 매달려 이룩한 인내의 결과입니다
그 주인공은 스물아홉 살의 마크 웰먼입니다

그는 어떻게 그 높고 먼 암벽을
타고 올라갈 수 있었는가를 묻자
이렇게 대답했습니다
"한 번에 십오 센티미터씩만 오르면 됩니다."

그는 하반신이 마비되었기에
팔 힘으로 한 번에 십오 센티미터씩 올라갔던 것입니다
아무리 건강하고 힘 있는 사람이라도
한 번에 천 미터의 암벽을 오를 수 있는 사람은

아무도 없습니다

그러나 하반신이 마비된 자라 할지라도,
아무리 조금씩밖에 오르지 못한다 할지라도,
지속적으로 시종일관한다면
이루지 못할 것이란 없습니다

문제는 시작하는 일입니다
도전하는 일입니다
인내하며 시종일관 한걸음씩 나간다면
이루지 못할 일은 없습니다.

대화를

한 조사에 의하면
교도소에 수감된 범죄자들의 반 이상이
친구나 연인에게 우발적으로 폭력을 휘두른
초범들이라고 합니다

그리고 우발적인 범죄의 가해자와 피해자 사이에는
범죄가 일어나기 전에 공통점이 있었다고 합니다
그것은 한 동안 대화가 없었다는 것입니다

뿐만 아니라
기업 혁신을 컨설팅 하는 전문가의 결론은
구조나 시스템을 바꾸는 일만으로는
혁신을 이룩할 수 없었다는 것입니다

서로 다른 의견이나 잘못된 일에 대하여도
지속적인 대화를 유지하며 문제를 해결해 나가는
성숙한 대화를 통해서만 혁신이 이루어졌다는 것입니다

삶은 관계이며,
관계는 진실한 대화를 통하여
살아나게 됩니다.

링컨은 설득의 교과서로 불립니다
그가 보여준 이상적 설득 방식은

3분의 1은 자기가 할 말을 생각하고
3분의 2는 상대가 할 말을 예상하며
이에 대처하는 것이라 합니다.

초월의 문

선거 유세를 하던 이가
상대편 당을 공격하자
한 부인이 흥분해서
큰 소리를 쳤습니다

"당신 같은 남자는
독약을 먹고 죽어야 해!"

그 말을 들은 그는
부인에게 웃음을 지으며
말했습니다

"부인같이 대단한 미인이 주신다면
기꺼이 받아 마시겠습니다."

유머와 웃음은 초월의 문입니다.

삼십 분 늦어진 독립

어느 날 간디가 개최한 회의에
일부 의원들이 늦어
회의가 예정보다
삼십 분 늦게 개최되었습니다

그러자 간디는 개회를 선포하기 전에
엄숙한 목소리로 말했습니다

"몇 사람의 게으름으로 인해
우리 인도의 독립이 삼십 분 늦어졌소."

자애롭고 겸손하기 그지없는 간디였으나
사소한 것일지라도
지켜야 할 것은 지켜야 함을
분명히 보여 주었습니다.

참 사랑의 숨결

생명을 일으키는
참 사랑의 숨결은
희생을
강요하지 않고

섬김으로
뜨거운 생명의 줄기를 키워
삶의 푸른 들판 위에
일렁이게 합니다.

미리 쓴 자서전

우리는 작은 자신의 습관도
바꾸기 힘들어합니다
왜 그러할까요?

그것은 자신을 규정하고 있는
고정된 이야기가 자신을 지배하고 있기 때문입니다

그 이야기를 지우고 다시 써야 합니다
그리고 그 이야기를 스스로 읽으며
그 이야기가 자기 삶이라고 생각하는 것입니다

성경의 말씀대로 기도할 때
이미 받은 줄로 믿고 간구하듯이 말입니다

마찬가지로 인생이라는 것도
자신에 대한 자신만의 이야기를 가지고 있습니다
바로 그것이 곧 자기의 운명이라고 믿는 고정된 것으로

자신을 지배하고 있는 중입니다

그 이야기를 지우고 다시 쓰십시오
그리고 그렇다고 믿고
가장 가까운 이에게 소리 내어 말하십시오
그런 이가 없으면 혼자서 말하십시오
그리고 기도하십시오

미리 쓴 여러분의
자서전이 될 것입니다.

귀를 열고 닫는 지혜

귀 기울일 줄 모르고
입만 가졌다면
사랑과 깨달음은 없고
욕망과 지식밖엔 얻지 못합니다

귀를 기울일 줄 알게 되면
욕망과 지식을 넘어
사랑과 깨달음이 깃들기 시작합니다

하지만 귀를 기울이는 이는
어리석은 자들의 횡포와
경솔한 자들의 내뱉는 말에
상처를 입기 쉽습니다

때에 맞게
귀를 열고 닫는
선택의 문을 달아야 합니다

그러하지 못하면
어리석은 순수에 머물고 맙니다

특별히 무조건 귀를 열고 다니게 되면
악한 자들의 조롱에 휘둘리고
그들이 원하는 대로
되고 맙니다

연꽃잎은 물 속에서도
물에 젖지 않듯이
귀를 기울이되
귀를 열고 닫음의 지혜를 얻어
제가 가야할 길을 잠시라도
놓치지 말아야 합니다.

인생이란

한 스승이 자신의 대를 이을
제자를 뽑고자 문제를 냈습니다
"인생이란 무엇인가?"

많은 제자들이 대답을 하였으나,
스승은 마음에 들지 않아
무거운 마음이었습니다

이때 어느 젊은 제자가 입을 열었습니다
"저도 말씀을 드려도 되겠습니까?"
"물론이지!"
"인생이란 불이 나서 서까래가 무너져
내리고 있는 불난 집입니다!
그 곳을 빠져나와야 하는 것이지요."
스승은 흡족해하며 후에
그를 후계자로 삼았습니다

우리의 삶은 불이나 무너져 내리는
시간의 집 속에 머물러 있는 중입니다
쉰 살이 되신 분은 서까래가 오십 개나 무너져 내리고,
일흔 살이 되신 분은 벌써 칠십 개나 무너져 내린 것입니다

계속 무너져 내리고 있습니다
그럼에도 대다수 사람들은
그 불난 집 안에서 잠이 들어 있습니다

그리고 일어나면 불난 줄도 모른 채
영원한 집인 양 장롱을 사들이고
그 속에 돈을 쌓아 놓고 있습니다
우선 눈을 뜨고 불이 난 줄을 알아야 합니다.

살아서 해야지요

어느 날 돼지가 암소를 찾아가
자기가 사람들에게 왜 인기가 없는지 모르겠다며
하소연을 했습니다

"암소야, 사람들이
네가 온순하고 인내심이 있다고 칭찬을 하면서,
우유와 크림을 제공해주니
얼마나 고마운지 모른다고 말하지만,
나는 사실 너 이상으로 많은 것을
사람들에게 주고 있지 않니?
나는 베이컨과 햄, 심지어 족발까지 사람들에게 제공하는데
어떻게 사람들은 나보다 너를 더 좋아하고
너만 칭찬한단 말이니?"

그러자 암소가 잠시 생각에 잠기더니 말했습니다
"글쎄, 그건 나는 살아 있을 때 유익한 것을 제공하지만,
너는 죽은 다음에 유익함을 주니 그러는 것이 아니겠니?"

이 이야기는 어느 부자가 자기가 죽으면
자기 재산을 모두 자선 단체에 기부하겠다고
유언을 해 두었음에도
자기를 왜 구두쇠라고 비난하는지
도무지 알 수 없다면서 불평을 하는 친구에게
우화를 통해 깨우쳐 주는 탈무드 속의 이야기입니다

진정한 존경과 칭찬은 어디서 오는 것입니까?
사는 동안 자기 희생과 정성을 바칠 때 따라옵니다
그리고 물질을 나누는 것이 대단히 중요합니다
그러나 물질보다 더 중요한 것은
한 사람의 됨됨이와 삶입니다.

때때로 거리를 둘 것

정원을
진정으로 잘 가꾸고자 하면
때때로 정원에 들어가지 않아야 합니다

스스로 자라도록
거리를 둘 줄 아는 정원사가
최고의 정원사입니다

이는 가정이나 학교나 교회
그리고 모든 인간관계에도
적용됩니다.

한 마디 말만으로도

사랑은 목숨을 바칠 만큼
큰 희생을 바쳐야
이루어지는 것이 아닙니다

단 한 마디의 말에도
진실한 사랑이 담기면
그것만으로도 낙망한 인생을 건지고
삶에 활력을 불어넣어주고
생명을 치유합니다

"안녕하세요!"
"반가워요!"
"멋있어요!"라는
사랑이 담긴 인사 한 마디부터
시작해 보세요.

난 내 코가 좋아요

잉그리드 버그민은 오디션에서
코가 너무 크고 치아가 튀어나왔기 때문에
배우에는 어울리지 않는다고 혹평을 받았습니다

그러나 잉그리드 버그만은 소리쳤습니다
"난 내 코가 좋아요!"

오래지 않아 그녀는 '누구를 위하여 종이 울리나',
'가스등', '카사블랑카' 등의 영화에 출연해
세계 영화 팬들의 가슴에
지울 수 없는 감동을 남겼습니다

자신의 운명을 남에게 맡기지 말고
나는 내가 좋다고 외쳐 보십시오
멋진 삶이 새롭게 시작될 것입니다.

노래 부르기를 좋아하는 사람은

노래 부르기를 좋아하는 사람은
언제 어디서나 노래를 발견하고

시 짓기를 좋아하는 사람은
언제 어디서든 시상을 얻습니다

이렇듯 사람은 언제 어디서든
좋아하는 것을 발견하고 창조해 냅니다

그러하기에 자신을 사랑하는 사람은
늘 자신에게서 좋은 점을 발견하고

삶을 사랑하는 사람은
언제든 삶 속에서 아름다운 점을 찾아냅니다.

어디 한번 살아보자 하면

코미디를 볼 때
한국 사람들은 잘 웃지 않는데
미국 사람들은 가만히 있지 못하고 웃습니다

한국 사람들은
"어디 한번 웃겨 보라"고 하고

미국 사람들은
"어디 한번 웃어 보자"고 하기 때문입니다

억지로 살려고 하지 말고
오늘 하루
어디 한번 살아 보자고 살면
어떨까요?

하나님께서도
만족시켜 줄 수 없는 삶,
잔을 채워 주어도 마시지 않는 사람!

하나님께서 가득 채워 주신 '오늘'을 마시라!

자유의 유영 遊泳

마르고 평평한 길만이
길이 아니듯

성공과 행복만이
삶이 되는 것은 아닙니다

실패와 불행도
성공과 행복이 줄 수 없는
삶의 추억과 경험과 깨달음을 주는
귀중한 삶 그 자체입니다

성공과 실패
행복과 불행
이 모든 것을 삶 그 자체로서
아름답게 받아들일 수 있을 때에
우리의 삶은 비로소
삶의 시간과 공간 안에서
자유의 유영을 시작하게 됩니다.

소크라테스의 3가지 체

한 친구가 소크라테스를 찾아와
흥분하며 말했습니다

"여보게, 소크라테스! 이럴 수가 있나?
방금 내가 밖에서 무슨 말을 들었는지 아나?
아마 자네도 내 이야기를 들으면 깜짝 놀랄 거야."

이 때 소크라테스가 말했습니다
"아직 말하지 말고 잠깐만 기다리게.
자네가 지금 급하게 전해 주려는 말을
체로 세 번 걸렀는가?"

그는 소크라테스의 말을 이해하지 못해
머리를 갸우뚱거렸습니다

"체로 세 번 걸렀냐고 하는데
무슨 체를 말하는 건가?"

"첫 번째 체는 사실이네.
지금 말하는 내용이 사실이라고 확신할 수 있나?"

"아니 그냥 거리에서 들었네."

"두 번째 체로 걸러야겠군."

"그럼 자네가 말하는 내용이 사실이 아니더라도
최소한 선의에서 나온 말인가?"

그러자 친구는 우물쭈물하며
아니라고 대답했습니다

"그럼 세 번째 체로 걸러야겠군.
자네를 그렇게 흥분하게 만든 소식이
아주 중요한 내용인가?"

"글쎄……."
"자네가 나에게 전해 주려는 소식이
사실도 아니고,
게다가 선의에서 비롯된 것도 아니고,
더구나 중요한 내용도 아니라면
나에게 말할 필요가 없네.
그런 말은 우리의 마음만 어지럽힐 뿐이네."

오늘날도 여전히
사실도 아니고 선의도 아니고
중요한 것도 아닌 이야기가
우리의 마음과 이 세상을 가득 채워
우리의 삶을 어지럽히고 있지는 않습니까?

그런 말을 살짝 피해간다면
오늘 하루가
평안하고 값진 날이 될 것입니다.

진정 훨씬 큰일

오래 전 미국의 큰 석유회사 사장이
중국에 지사를 내면서 관리 책임자를 찾고 있었습니다

그러나 적임자를 찾기 어려웠습니다

오랜 시간이 지난 후 적합한 인물을 누가 추천하였습니다
그래서 회사에서 그 사람에게
책임을 맡아줄 것을 요청하였습니다

그 추천된 사람은 다름 아닌
중국에서 선교하고 있는 조지 투르투였습니다
그 선교사는 당시
연봉 육백 달러의 생활비를 받고 있었습니다

이를 안 석유 회사 측에서는 그에게
연봉 최고 만 오천 달러까지도
줄 수 있으니 오라고 했습니다

이때 투르투의 대답은 간단하였습니다

"제가 받을 연봉은 엄청나게 크지만
당신들이 제안하는 일이 너무 작습니다.
저는 만 오천 달러를 받고
중국 사람들에게 석유를 팔기보다는

지금처럼 육백 달러를 받고
중국을 그리스도께 인도하는 게
훨씬 큰일입니다."

우리의 삶에서 돈과 성공은 대단히 소중한 것입니다
그러나 돈보다 소중한 것은 소명입니다
자신의 삶을 바칠 수 있는 가치 있는 소명!
그 가운데 최고의 소명은 사람의 영혼을
그리스도께로 인도하여 구원케 하는
선교라 할 것입니다.

즐겁고 행복하게 하는 기술

새로 오신 관리실 아저씨는
무뚝뚝하고 위압적이고 불친절했습니다

그가 온 후 주차장에 들어가는 것이
늘 불쾌한 일이 되었습니다
아침마다 왜 이러한 일을 겪어야 하는가
언짢을 따름이었습니다

그리고 이런 생각도 들었습니다
"늘 사람이 자주 바뀌는 자리이니
오래 가지 못하고 그만 두시겠구나.
더구나 요즈음 더위로 지하 3층은 찜통이니!"

며칠 전 저는 너무나 덥기에
주유소에서 사은품으로 준 차가운 음료를
그 아저씨에게 무심코 전했습니다

"아저씨, 너무 더우시지요?
수고가 많습니다.
이것 하나 드십시오!"

저는 놀랐습니다
그 무거운 얼굴 속에
저런 웃음이 숨어 있었다니!
그 아저씨는 정말 해맑게 웃었습니다

그날 이후 저를 보면
그 아저씨는 먼저 밝은 웃음으로 자리에서 일어나
기계식 주차 시설을 조정해 주었습니다

저는 깨달았습니다
"아, 내가 사람을 즐겁고 행복하게 하는 기술이 없었구나!
사람을 날카롭게 살피고 평할 줄만 알았지."

저는 마음먹었습니다
"저 아저씨가 오래도록
떠나지 않고 일할 수 있도록 하는 기술도
내가 만들어 봐야겠다!"

거듭남과 기질

은혜를 받고 거듭났다고 하는 것이니
영성 생활을 하며
말씀을 깨닫고
변화되었다고 하는 것은
한 사람의 기질 자체가 바뀌었다고
하는 것이 아닙니다

더러운 옷을 세탁해
새 것이 되었다는 것처럼
같은 옷이지만
가장 깨끗한 상태가 되어
본래대로 가장 소중하게
잘 쓰일 수 있도록 되는 것입니다

장미는 가장 아름다운 장미꽃을 피우고
민들레는 가장 민들레다운 민들레꽃을
피우게 되는 경우와 같습니다

사람에게 주어진 기질은
하나님께서 한 영혼에게
특별하게 베푼 능력이요
개성이요 은혜이기 때문입니다.

삶의 온전한 성취를 위하여

진성한 사랑을 원한다면
그리고 후회와 회한을 남기지 않고
삶의 행복과 보람을 온전히
이루고자 한다면

삶의 마지막 순간에
하고 싶은 일이 무엇인지
지금 적어보십시오

그리고
바로 실행에 옮기십시오

그리한다면
우리의 삶은 행복과 보람의 잔치가 될 것이며
우리의 마지막 순간은 영원한 나라에 들어가는
승리의 찬가로 마감될 것입니다.

훌륭한 지도력

지도력이 부족한 지도자는
남을 지배하고 부리는 일에 몰두하지만,

훌륭한 지도력을 지닌 이들은
남들을 훌륭한 인물로 만드는 데
탁월한 점이 있습니다

실은 이러한 능력으로 인해
지도력을 인정받게 되고,
더불어 큰일을 성취할 수 있게 되는 것입니다.

지혜가 하는 말 잠 8:12~19

"나의 지혜는 명철로 주소를 삼으며,
지식과 분별력을 가지고 있다

주님을 경외하는 것은 악을 미워하는 것이다
나는 교만과 오만, 악한 행실과 거짓된 입을 미워한다

내게는 지략과 건전한 지혜가 있으며,
명철과 능력이 있다

내 도움으로 왕들이 통치하며,
고관들도 올바른 법령을 내린다

내 도움으로 지도자들이 바르게 다스리고,
고관들 곧 공의로 재판하는 자들도 올바른 판결을 내린다

나는, 나를 사랑하는 사람을 사랑하며,
나를 간절히 찾는 사람을 만나 준다

부귀와 영화도 내게 있으며,
든든한 재물과 의도 내게 있다

내가 맺어 주는 열매는 금이나 순금보다 좋고
내가 거두어 주는 소출은 순은보다 좋다.

예쁜 도둑

며칠 선 어느 집사님이 "세상에 이럴 수가 있느냐?"며
교회에 도둑이 들었다는 소식을 전했습니다

무엇을 잃어버렸느냐 물으니
주방에 있던 쌀 두 부대가 없어졌다는 것입니다
그 외에 다른 것이 없어지지 아니하였느냐 물으니
오직 쌀만 도둑맞았다는 것입니다

저도 모르게 말이 튀어나왔습니다
"그래도 예쁜 도둑놈이네!
먹을 쌀만 가져갔으니!"

며칠을 보내며 기도할 때마다
마음에 들리는 음성을 피할 수가 없었습니다
"오죽 교회가 베풀지를 못했으면
쌀마저 도둑질하게 했단 말인가?"

저는 교회 문에 이렇게 써 붙였습니다
"쌀이 필요하신 분은
교회 사무실로 전화하십시오.
02-3273-****"

최소한 또 다른 이를
도둑으로 만드는 교회는
되지 않아야 한다고 생각했습니다.

단순한 실천이 꿈을 이룬다

아무리 좋은 목표와 높은 이상이 있을지라도
구체적이며 단순한 실천 목표가 주어지지 아니하면
새로운 삶과 변화는 일어나지 않습니다

마이클 조던은 미국 농구계의 황제라 불리었으며
그는 신화적인 존재였습니다

마이클 조던이 자신의 꿈을 이룬 것은 복잡한 원리나
방법을 가졌기 때문이 아니었습니다

그는 큰 꿈을 꾸고 이를 위한 실천을 단순히
그리고 철저히 이행하였다는 것입니다

그것은 매일 800회씩
슈팅을 연습하는 것이었습니다.

창조주를 사랑한다면

우리가 진실로
창조주 하나님을
사랑한다면

마찬가지로
그가 지은 피조물을
사랑해야 합니다

창조주와 그의 작품은
떼려야 뗄 수 없는
사이이기 때문입니다

그 피조물 안에는
돌과 나무
빛과 물과 바람
동물과 식물
그리고 나 자신이 있습니다

사랑하십시오
가까운 나 자신부터!

슬플 땐 슬퍼하십시오

우리는 실패도 없고 아픔도 없고
슬픔도 없는 삶을 살기를 바랍니다
그러나 이 지구에 사계절이 있듯이
성공만 있고 즐거운 일만 있고 승리만 있는 것이 아니라
실패와 아픔과 슬픔과 패배가 함께 존재합니다

사계절을 통해 만물이 튼실해지듯이
우리는 여러 어려운 곡절을 겪으면서
삶을 배우고 영적으로 성장하게 됩니다

그 가운데 슬픔은 특별한 영적 의미를 지닙니다
그러하기에 예수께선 슬퍼하는 이는
복이 있다고 말씀하셨습니다

슬픔이란 인생에 실패하고 좌절했을 때에 찾아오는
고통입니다
사랑하는 이와 헤어지고 버림받았을 때에 겪는

애통함입니다
자신의 죄를 죄로써 인식하고 애끊는 고통을 겪을 때의
비통함입니다
죽음을 겪으며 애곡할 때의 절절한 고통입니다
이 네 가지가 인생에서 겪는 가장 큰 고통입니다

이러한 일을 당할 때에는 어떻게 해야 하겠습니까?
슬퍼하십시오
슬플 때는 슬퍼하는 것이 길(진실/진리)입니다

원망하지 말고 분노하지 말고 슬퍼하십시오
나만 당하는 것이라고 버티지 마십시오

우리의 어머니 아버지가 그러하였고
이 땅위에 살다가 떠난 모든 영혼들이 그러하였습니다

오늘 밤도 하늘의 달은

눈물짓는 인류의 슬픔을 볼 것입니다
하늘의 달은 가난한 집 담장 안에서 뿐 아니라
부잣집과 궁궐 안에서도
눈물짓는 슬픔의 노래를 들어줄 것입니다

지구에 사계절이 있듯 인생엔 기쁨과 슬픔,
성공과 실패, 승리와 패배가 함께 있습니다

제 철의 음식을 먹고 즐기는 것이 건강의 길이듯
인생의 모든 처지를 받아들이고 누리고 감내할 때
삶은 강건하게 됩니다

슬플 때에는 슬퍼하십시오
대장부처럼 기꺼이 슬퍼하십시오
슬픔을 거세한 채 환락과 승리와 성공에 편집하는 것은
영혼의 연약함이며 미숙함이며 집착입니다

맑은 슬픔의 눈물은 영혼을 성화하고
우리의 영혼을 빛나게 해 줄 것입니다

계곡의 물이 나무를 키우고 들판의 곡식을 길러 내듯
슬픔의 골짜기의 눈물은
영혼을 키우고 인생을 깨닫게 합니다

슬플 때에는 슬퍼하십시오
그러한 영혼은 산고를 맞이하여
생명을 낳은 여인이 스스로 어머니가 되듯
성숙한 영혼을 스스로 낳을 것입니다

슬플 때에 그저 슬퍼하십시오
기뻐할 때는 진정으로 기뻐하게 될 것이며,
이윽고 한량없는 하늘의 위로가
큰 생명과 사랑의 바다에 이르게 할 것입니다.

사랑을 잃지 않은 게임을

스키를 타고 슬로프에서 활강을 시작한 이상
끝까지 내려와야 하듯
삶의 활강을 시작한 이상
우리는 잃고 따는 게임
이기고 지는 게임을
끝까지 지속할 수밖에 없습니다

그러기에 어떻게 잃고 따는가
어떻게 이기고 지는가 만이 문제입니다

하나뿐인 최상의 길은
사랑을 잃지 않고
게임을 하는 일입니다.

승리를 위한 세 가지 덕목

어려울 때는
견디기만 해도 승리가 됩니다

갈 길 몰라 하고 힘겨울 때는
낭비만 하지 않아도 성공입니다

특별히 세 가지를 낭비치 않도록 해야 합니다

시간 Time!

재물 Property!

정력 Energy!

인생에서 이 셋을 모두 낭비한다면
인생의 모든 것을 잃는 것이 됩니다.

소망과
그 소망을 믿고
행동하는 것입니다.

이룬 것을 장구長久하게

철저함을 배웠으면
느슨함을 더할 것이요

완벽함을 이루었으면
일그러짐을 더할 것이요

모든 것을 얻었으면
가진 것을 나누십시오

그리하면 이룬 것이 장구하게
유지될 것입니다.

덕스러움이란

홀로 의로움과
홀로 알고 있음과
홀로 명예로운 것을 감추어

자신을 낮추고
남을 편케 하는 데서
시작합니다.

하늘이 지어가는 대로

뭔가 되겠다고 함이
그 얼마나 부끄럽고 유치한 일인가

바람에 하늘을 수놓는 구름을 보라

쏟아지는 눈보라에 기상을 드러내는
준령의 산허리를 보라

부는 바람 쏟아지는 눈에
제 모습 드러내듯

하늘이 지어가는 대로 자신을 맡길지니
섣부르게 뭔가 되려 말고
고요히 바치라
그분께.

이루시는 것은 하나님

경지에 이른 예술가는 압니다

억지로 작품이 만들어지지 않는다는 사실을

그림을 그릴 때도
그림이 스스로 자기를 드러내고
곡을 지을 때에도
곡이 스스로 지어져 나가는
조화의 흐름이 있고

시를 쓸 때도
시가 스스로 표현되는
계시가 있습니다

인생도 하나님과의 약속 속에서
지어져 나가는 세계가 있으며
열려가는 길이 있습니다

이루시는 것은 하나님인 줄을 알고
지어가시는 대로 자신을 맡기는
깊은 삶으로 나가십시오

결코 자기 유혹에 넘어가지 마십시오.

페인인가

책을 무게로 달아 판다면
미친 일입니다

그러나 책을 무게로
달아 팔 때가 있습니다
책이 폐지일 때는

그런데 요즘에는 사람을
돈으로 달아 팝니다
멀쩡한 사람을 말입니다

과연 멀쩡한 건가
너도 나도 페인들인가.

긴장의 칼날 위에서 내려와

누구나 너도 나도 세상살이에 끼어들면
두각을 나타내고 싶어합니다

사실 두각을 나타내서 뭣하겠다는 것보다
두각을 나타내는 것 자체에 취하여 사는 것이
세상놀음은 아닐까요?

이 두각을 나타내려는 욕망이
우리를 긴장의 칼날 위에서
춤추게 만듭니다

예술에서도 정치에서도 경제에서도
심지어 종교의 세계에서조차도!

그러나 생각해보면 종교는 그러한
칼날 위의 춤을 접고 내려와
안식하게 하는 너른 마루입니다
그것을 자유라 하고 초월이라 합니다.

나의 종착역은

인류 최고의 기술을 집약하여 만든
초고속 열차도 고장 나서
멈추어 섭니다

그러나 시간의 열차는 고장 나서
멈추는 법이 없습니다

당신이 탄 시간 열차의 종착역은 어디입니까?

영안실입니까?
아니면 그 너머 영원한 나라입니까?

예수께선 영원한 거처를
마련해 놓으셨다(요 14: 1. 2)고 하셨습니다.

행하고 대가를 바라지 않는다면

행하지도 않고 바라는 것은
부당한 소치요

행하고 대가를 바라는 것은
당연한 논리입니다

그러나 행하고 대가를 바라지 않는다면
논리를 넘어선 자유입니다

자족하는 힘이 있는 이에게만
이 자유의 기회가 주어집니다

이는 물질 중독증에서
벗어나는 데서부터 시작합니다.

착함보다 참됨이 앞서야

착하다고 모두 참된 것은 아닙니다
착하여도 참되지 못하면
진리를 얻지 못합니다

착하여도 참되지 못하면
자기를 성찰하지 못합니다

그래서 영성의 길에서는
악한 것 이상으로
참되지 못하고 착한 것을
큰 위험으로 봅니다

참된 사람만이 자유와 도에 이르고
그런 사람만이 진정한 착함과 덕이
뒤따르기 때문입니다.

인생의 과제들

어린 시절에는
암기보다 호기심을

사춘기 시절에는
반항보다 생각의 깊이를

청년 시절에는
급한 행동보다 진지함을

중년 시절에는
지배보다 책임감을

노년 시절에는
간섭보다 여유와 유머를
더해야 합니다.

말할 때 고려할 것과 침묵

말할 때 항상 고려할 것이 있습니다

첫째는 '무엇'을 말할 것인가
둘째는 '언제' 말할 것인가

이 중에 어려운 일은
'언제' 말할 것인가 하는
때를 읽는 일입니다

이를 위해서는 감정적인 폭풍에
휩쓸리지 아니할 만큼
자제력이 있어야 합니다

그리고 더 나가 높은 통찰력과
전체를 보는 눈이 있어야 합니다

그리고 가장 중요한 것은

말하지 아니하고 침묵해야 할 때를 알아
침묵하는 일입니다

침묵은 말을 말답게 만들어주며
진실을 추구하는 이들에게는
절대적 요소입니다.

삶의 순간순간

정신을 차리지 않으면
자음과 모음이
멋대로 흩어진다

웃음을 지키지 않으면
절망으로 나뒹굴게 된다

침묵을 유지하지 않으면
악령이 깃들어 소리치며 날뛴다.

길을 떠나는 이에게

진리의 길을 가고자 한다면
거짓 자아와 거짓 세계와 싸울 각오가 되어있지 않다면
나서지 말아야 할 일이요

폭력을 이기고 평화를 이루고자 한다면
고난을 감내할 각오 없이
나서지 말아야 할 일이요

영혼과 역사를 구원하는 일에 참여코자 한다면
십자가를 지고 가야 할 믿음과 헌신의 삶을
주께 구하며 나서야만 할 일입니다

그리한다면 당신은
반드시 진리를 얻을 것이요
폭력을 넘어 평화를 이룰 것이요
영혼과 역사를 구원할
하나님의 도구가 될 것입니다.

강물처럼

집착하시 말고
흐르십시오

미워하지 말고
흐르십시오

불안해하지 말고
흐르십시오

두려워하지 말고
흐르십시오

원망하지 말고
흐르십시오

머물지 말고
흐르십시오

바다에 이르는 강물은
흐르지 아니하는 법이 없습니다.

하늘에 속한 자

영성의 길을 가는 사람은
세상일에 책임을 다하지만
세상을 전부로 살아가지 않도록
깨어 있어야 합니다

세상에 뛰어들되
곧 세상에서 벗어나야 합니다
매일매일 그리하여야 합니다

하늘에 속한 자로서
세상에서 벗어나
우주의 지평에서
하나님의 품에 자신을 맡기고
천국을 누리고 있어야 합니다.

에스더처럼

인생의 실패와 어려움이 생겼을 때
더 이상 피할 수 없는 막다른 벼랑에 섰을 때
우리가 취할 수 있는 방법이 없을 때
취할 수 있는 방도가 있습니다

오히려 이것이 최선의 방법이기도 합니다

에스더는 자기의 동족이 멸절 당할 위기를 맞자
이렇게 행동했습니다

첫째, 한 마음으로 모이게 하였습니다
둘째, 함께 금식하며 기도하였습니다
셋째, 죽으면 죽으리라 결행하였습니다

이것이 길이 없는 곳에서
모든 것이 길이 되게 하는
하나님의 방도입니다.

최초의 선포

소크라테스의 최고의 가르침은
무엇이었습니까?
"너 자신을 알라"였습니다
이것은 모든 철학의 기본 명제입니다

메시아 곧 그리스도 예수의 최초의 선포는
무엇이었습니까?
"회개하라!"였습니다
이것은 영성의 길의 최우선 과제입니다

회개를 통하지 않는 영성의 길은
그 어떤 달관을 이야기한다 해도
바른 길이 아닙니다.

회개의 목적

왜
메시아는 세상에 와서
회개하라는 말부터 하였을까요?

인간이 더럽고 추하기 때문이었을까요?
인간을 심판하기 위해서 일까요?

아닙니다
비록 타락하였을지라도
결코 아닙니다

그것은 인간을 사랑하기 때문이었습니다
인간은 본래 하나님의 형상을 닮은
거룩한 존재였기 때문입니다
이를 회복하기 위한 것입니다

메시아가 지녔던 목표는
거룩한 하나님 자녀로서의 인간 회복입니다.

스스로 짓는 감옥

스스로 자기 감옥을 짓는
세 가지 요소가 있습니다

첫째는 분수를 넘어서는 탐심

둘째는 스스로 제어할 수 없는 욕망

셋째는 원수 맺는 일입니다

이로부터 자유로워지는 이가
참 자유를 누리게 됩니다.

어느 공익광고

1980년 2월 월스트리트 저널에
이런 공익 광고가 실렸습니다

그는 초등학교를 9개월밖에 다니지 못했다
그는 잡화점을 경영하다가 파산했는데,
그 빚을 갚는 데만 무려 17년의 세월이 걸렸다
그는 주 의회 의원 선거에서 낙선했고,
상원 의원 선거에서도 낙선했으며,
부통령 선거에서도 낙선했다
그러나 그는 자기 이름을 항상 A.링컨이라고 서명했다.

마음의 복숭아

화가 이중섭 선생께서
어느 날 앓아 누워 있는 친구를 문병하러 갔습니다

친구가 반기며 말했습니다
"그렇지 않아도 자네가 보고 싶었다네. 마침 잘 왔네."
"미안하네. 벌써 찾아오려 했지만
빈손으로 오기도 뭣하고 해서……."
"이 사람아, 그게 무슨 소린가? 자네 형편 다 아는데 빈손으로 오면 어때서……."

이중섭 선생님은 들고 온 물건을
친구에게 건네주며 말했습니다

"자네 주려고 가지고 왔네.
이걸 가지고 오느라 늦어진 걸세.
복숭아를 그려 왔다네."

복숭아를 사다 줄 돈이 없어
복숭아를 그려 온 이중섭 선생의 우정에
친구는 그만 눈물을 흘리고 말았습니다

이런 친구가 그립습니다.

주 안에 거하는 방법

예수께서는 십자가의 고난을 앞두고
제자들을 놓고 떠나시면서
제자들에게 마지막 가르침으로
이런 말씀을 하셨습니다.

"너희가 내 안에 거하고
내 말이 너희 안에 거하면
무엇이든지 원하는 대로 구하라
그리하면 이루리라"

¶ 요15:7

제자들을 두고 떠나시는 주님께서
제자들에게 원하는 바를 이루는 길을 가르치신 것입니다

그렇다면
주 안에 거하는 방법은 무엇입니까?

그것은 진심으로 주를 사랑하는 것입니다
사랑을 통한 일치로 주 안에 거하게 되는 것입니다
그리고 주의 말씀 곧 주의 가르침이
우리 안에 있어야 한다는 것입니다

사랑만으로 아니 되고
주의 말씀이 같이 있어야만 합니다
이것이 기독교의 특별한 점입니다
기독교는 말씀의 종교입니다
사랑과 믿음뿐 아니라 반드시 말씀이 있어야만 합니다.

봄 추위와 가을 추위

봄에도 폭설이 내리고
영하로 떨어질 때가 있습니다

가을에도 폭설이 내리고
영하로 떨어질 때가 있습니다

이 같은 경우에 가을 추위에는 근심 걱정이 따르지만
봄 추위에는 그 한파를 아랑곳하지 않고
희망에 부풀어 있습니다

이유는 간단합니다
반드시 따뜻한 날이 오고
기필코 꽃은 피고 새는 지저귀게 될 것을
믿을 수 있기 때문입니다

이것이 믿음의 힘입니다
하나님께서 함께해 주시고

삶의 끝에는 하나님의 의로운 심판이 있음을 믿는
신앙인이 된다면 인생의 한파,
환란과 고통, 불행과 실패가 몰려올지라도
이를 잘 극복하고 희망적인 삶을 살게 됩니다.

구원의 사랑으로부터

예수는 메시아가 되기 위하여
가르치고, 가르치신 대로 사시고
십자가에서 고난을 받은 것이 아닙니다

예수께서는
하나님을 진실로 사랑하였으며
인간을 진실로 사랑하였기에
하나님의 뜻을 가르치시고 선포하셨으며
모든 약한 것과 병든 것을 치유하셨고
자가의 고난을 뚫고 넘어가시기까지 하셨던 것입니다

전도도 마찬가지입니다
교회를 키우기 위해서 전도하는 것이 아니라
영혼을 사랑하기 때문에 전도하는 것입니다

신앙의 모든 일은
구원의 사랑으로부터 시작되어야
바른 길로 나가게 됩니다.

'빨리빨리'에 대하여

한국인의 특성을 말할 때
지난 시대에는 은근과 끈기를 내세웠습니다
그러나 우리에겐 숨겨진 다른 일면이 있었습니다
그것은 '빨리빨리'입니다

이 '빨리빨리'에 대해서 우리는
조급증으로 치부했지만
바야흐로
강하고 큰 것이 지배하던 산업시대 이후
빠른 것이 느린 것을 잡아먹는 정보통신시대에는
이 '빨리빨리'가 우리의 소프트파워로 재인식되고 있습니다
실제로 이 정신이 우리를 IT강국으로 만들었습니다

그러나 우리는 여전히 은근과 끈기 속에
깊이 있는 생각과 여유 있는 배려를 놓치면
물질적인 성공 속에 정신적인 공허를 안고 살아갈
위험이 도사리고 있음을 잊지 말아야 합니다.

그의 은총은 평생이로다
시편 30: 5, 6, 11, 12

그의 노염은 삼산이요
그의 은총은 평생이로다
저녁에는 울음이 깃들일지라도
아침에는 기쁨이 오리로다

내가 형통할 때에 말하기를
영원히 흔들리지 아니하리라 하였도다

주께서 나의 슬픔이 변하여
내게 춤이 되게 하시며
나의 베옷을 벗기고
기쁨으로 띠 띠우셨나이다

이는 잠잠하지 아니하고
내 영광으로 주를 찬송하게 하심이니
여호와 나의 하나님이여
내가 주께 영원히 감사하리이다.

지적 인격적 성숙을 위하여

지적으로나 인격적으로 위험한 사람은
다 아는 체하는 사람
질문이 없는 사람
가르치려 드는 사람입니다

이러한 이는 지적인 진보나
인격적 성숙에
장애를 겪고 있는 중이거나
아니면 머지않아 그렇게 되고 맙니다

우리의 정신은
자기의 무지에 대한 지知로 깨어 있어야 하고
늘 질문을 지닌 탐구심과 호기심으로 살아있어야 하고
배우려는 마음으로 열린 자세를 지니고 있어야 합니다.

십자가 묵상

세상에서 가장 훌륭하고 큰 성에
문둥병에 걸린 한 걸인이 찾아왔다고 합니다
이를 본 그 성의 주인은 그가 불쌍하고 가엾어서
그를 두말하지 않고 맞아들였습니다
그리고는 자신의 목욕실에서 온 몸을 씻겨 주었습니다
자기가 먹는 식탁에서 함께 먹게 해주고,
자신이 입는 옷과 같은 옷을 입혀주었습니다
자신이 쓰는 훌륭한 침대를 내주어
잠을 자게 해주었습니다.
그리고 그의 몸을 낫게 해주고자
뼈마디에서 썩고 있는 피고름을
자기 입으로 빨아내 고쳐 주었습니다
그를 가르쳐 세상과 하늘의 이치를 알려 주었습니다
그 성에서 영원히 살 수 있는 자격을 주었습니다
그랬더니 성 밖의 성직자들과 정치가들과 동네 사람들이
그 성주를 끌어내 십자가에 못 박아 매달았습니다
그리고 그의 옷을 나누어 가졌습니다

그 성의 주인은
지금까지 지켜오던 세상의 질서를 혼란케 하였고,
지금까지 내려오던 '눈에는 눈 이에는 이'라는 관습과
거룩한 전통을 깨뜨렸기에 하늘을 모독한 죄로
그를 죽여 버렸습니다.

이렇게 죽임을 당한 것이 예수 그리스도입니다

그리스도인이란 이러한 분을 믿고
그렇게 살고자 따르는 사람들입니다
그리스도인이란 이러한 분을 나의 주인으로 믿고
그의 십자가를 지고 따라가는 사람들입니다.

빌려 받은 것들이니

지혜와 믿음과 사랑
땅과 햇살과 바람은
사람의 것이 아니라
하나님께로부터 받은 것입니다

영원히 받은 것이 아니라
빌려 주신 것입니다

그러하기에 내 것이라
자랑할 것이 아니며
탐욕을 가질 것이 아니며
오직 감사히 여기며
겸손히 받아
최선을 다해 사용해야 합니다

그러하지 못하는 이는
영원한 후회와
아쉬움을 남기게 될 것입니다.

삶을 극대화하는 방법

무한정 욕심과 소유를
늘리는 것이 아니라

다시 보지 못할 것처럼
사랑하고

웅대한 산처럼
흔들리지 아니하고

영원히 살 것처럼
꿈을 꾸고

떨어지는 폭포처럼
거침없고

오늘 죽을 것처럼
사는 길입니다.

불필요한 것을 제거하라

농사를 지으며 배우는 것이 있습니다

많지는 않아도 분명하며
어렵지는 않아도 절대적 요소들입니다

큰 나무 좋은 열매를 얻으려면
불필요한 것을 제거해야 한다는 것입니다

첫째, 심을 때에 돌멩이를 제거해야 하고
둘째, 잡풀을 뽑아내야 하고
셋째, 잔가지를 쳐주어야 합니다

그리고 맨 처음의 할 일
밑거름을 두둑이 깔아야 한다는 것입니다

우리의 삶이 큰 나무가 되고
인생에 많은 열매를 얻고자 하면,

우리의 생각과 행동의
돌멩이 잡풀 잔가지를 제거해야 합니다
그리고 사랑의 밑거름을 두둑이 깔고 살아야 합니다.

인간의 모습 그대로

탈무드에는 이런 말이 있습니다

"화장실에 가고 싶으면, 화장실에 가라!"

지극히 당연한 말입니다
그러나 이는 하나의 영적 화두입니다

인간 본성을 있는 그대로 솔직히
인정하라는 가르침입니다
자기 가식에 빠지지 말라는 말이기도 합니다

인간이 천사인 것처럼 치장하거나
거룩한 것처럼 위선에 빠져서는 아니 됩니다

선악과를 따먹은 인간은 선악을 알 뿐 아니라
선과 악 모든 것에 속한 채로 살아가고 있는 것입니다
누구도 예외는 없습니다.

침묵의 의미

깊은 침묵이란
자기 의義와
자기 사적私的 주장이 사라지고

오직 하나님의 의와
하나님의 뜻이 드러나는
영적 지경을 뜻합니다.

부모

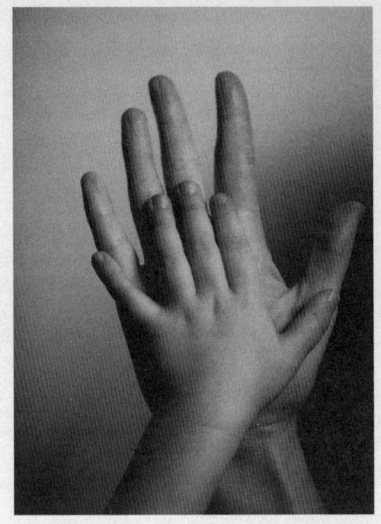

어머니는 뿌리와 같고
아버지는 줄기와 같습니다

뿌리는 보이지 않지만
나무에 자양분을 공급하고
줄기에 힘을 주며

가뭄과 비바람을 견디게 합니다
이것이 어머니의 역할입니다

줄기는 장대하게 제 몸을 드러내고
가지를 뻗어 열매를 맺게 하며
몸을 피할 그늘을 만들어 주고
마침내 집을 짓는 기둥이 됩니다
이것이 아버지의 본분입니다

뿌리와 줄기가 튼튼하면
나무가 잘 자라고 많은 열매를 맺듯
위와 같은 역할을 잘하는 부모 밑에서
훌륭한 자녀와 아름다운 가정이 만들어집니다.

진정한 회개

하나님을 진심으로 사랑하지 못하고 두려워하는 것은
진심으로 순종하지 아니하고
저항하거나 회피하려고 하기 때문입니다

진정한 회개를 하십시오

진정한 회개는 순종을 가능케 하고
두려움을 벗고
참된 평안과 자유와
경외심에 이르게 합니다.

자긍심과 자기 신뢰

미국 클린턴 전 대통령 부부가 주유소에 갔다가
우연히 힐러리의 옛 남자 친구를 만났습니다

돌아오는 길에 클린턴이 물었습니다

"당신이 저 남자와 결혼했으면
지금 주유소 사장 부인이 돼 있겠지?"

그러자 힐러리가 말했습니다

"아니, 바로 저 남자가
미국 대통령이 되어 있을 거야."

자기 교만은 피해야 하지만
자기에 대한 자긍심과 신뢰는 높아야 합니다.

행복을 담을 바구니

물병을 가지고 가지 않으면
물을 담아 올 수 없음을 알면서도

많은 사람들이 행복과 축복을 바라지만
이를 담을 바구니를 준비하지 못합니다

행복과 축복은 오직
빈 마음과 겸손한 마음에만 담기는
하늘의 선물입니다.

행복과 삶의 가치의 창조

물질로 계산할 때
한 개씩 주고받으면
결국 자기 손엔 한 개만 남습니다
하나마나 그것이 그것입니다

그러나 사랑의 마음으로 주고받으면
한 개가 아니라
수로 계산하고 양으로 계량할 수 없는
크고 깊은 감동과 사랑이 남습니다

사람이 사람답게 살고
행복하게 살며
인생에서 남게 될 것은
바로 이것입니다

흔들리지 마십시오
행복과 삶의 가치의 창조는
사랑에 있다는 것에 대하여.

사랑의 과정

사랑은 아름답지만
사랑하는 과정은 결코
아름답지만은 않습니다

사랑의 과정은 모든 인간이 지닌
선과 악, 공격성과 지배욕, 아픔과 슬픔 등
온갖 갈등과 고통의 과정을 품고 있습니다

바로 이러한 과정을 통하여
한 영혼이 자기를 넓혀가며
모든 인간과 사물과의 관계를
깊이 있게 맺어갑니다

이때 가장 필요한 자세는
열린 마음으로 모든 것을
있는 그대로 받아들이는 일입니다

사랑의 과정은 선택이 아니라
맞아들이는 과정을 통하여 지속되기 때문입니다.

영적 생명을 가진 것들에 대하여

라이너 미리아 릴케는 이런 말을 했습니다
"그대의 감정이 아무에게도
방해 받지 않고
조용히 발전하도록 내버려두십시오.

세상의 모든 발전은 내면 깊은 곳으로부터
우러나온 것이어야 하며,
강요할 수도 재촉할 수도 없는 것입니다.

모든 탄생에는
기다림의 시간이 필요한 것입니다."

농사를 지으면서 자라나는 모든 생명은
스스로 자라기에 그대로 두어야 하며
아울러 자라는 데 필요한 시간과 조건이 갖추어져야 하며
열매를 따려는
이는 기다림이 필요하다는 것을 실감합니다

우리의 감정과 생각과 믿음도 하나의 영적 생명이기에
스스로 자라게 그대로 두어야 하며
자라는 데 필요한 시간과 조건과 기다림이 필요합니다.

인도하심

큰일을 이루고자 하면
인도하심을 받아야 합니다

모세나 다윗이나 바울과 같은
큰일을 이룬 사람에게 공통된 것은
자신의 능력이 아니라
하나님의 인도하심을 받았다는 점입니다

모세는 광야의 도망자로 끝날 수도 있었습니다
다윗은 목동으로 끝날 수도 있었습니다
바울은 유대 율법주의자로 끝날 수도 있었습니다

그러나 모세는 이스라엘 백성을
가나안 땅에 이르게 한 인도자가 되고
다윗은 임금이 되어 다윗 왕조를 세웠고
바울은 사도가 되었습니다

이는 바로 그들의 능력 때문이 아니라
하나님의 인도하심을 받았기 때문입니다.

악마가 빼앗아 가지 못할 것

악마는 우리에게
필요한 모든 것을
다 줄 수 있을 것입니다

그러나 하나님의 말씀만은
주지 않을 것입니다

하지만 천사는 우리에게
모든 것을 다 빼앗아 갈 수 있을 것입니다
우리에게 해가 된다면!

하지만 단 한 가지
빼앗아 가지 못할 것이 있습니다
그것은 하나님의 말씀입니다.

협력과 선과 헌신의 길

진정한 협력은
나 홀로는 아무 것도 할 수 없다는
자각 속에서 자라나며

공동의 선을 이루는 것은
나만을 위한 뜻을 버리고
하늘의 뜻을 받들 때에
성취되며

자신을 바치는 헌신과
무소유적 자유는
모든 것이 내 것이 아니라
하나님의 것이라는 자각 속에서
연출됩니다.

헌신

헌신이란 무엇입니까?

지금 산골엔 붉은 감이 열렸습니다
저는 이따금 감나무를 보며 묵상합니다

감나무 씨앗은 자라서 감나무가 되어야 합니다
그렇지 않으면 감나무가 아닙니다
그리고 그 감나무엔 감이 열려야 합니다
이 모든 것을 가리켜 자기실현이라 할 것입니다

그런데 자기실현에 머물러서는 안됩니다
한 발짝 더 나가야 합니다

감이 그저 자기를 위하여 존재한다면 어떻겠습니까?
그것만으로는 부족합니다
감나무의 감은 까치의 밥이 되고,
배고픈 이들의 양식이 되어야 합니다

이것을 헌신이라고 합니다

감나무를 볼 때에
하나님께서 지으신 이 우주는
헌신토록 열린 질서 속에 있음을 봅니다

그러나 사람만은 자기성취를 한 이후에,
성공한 이후에,
그것을 자기만 가지고자 울타리를 쌓는
자폐적 행동을 합니다
회개하지 않은 집착이 남아 있기 때문입니다

인생의 마지막은 사랑으로 바쳐지는
헌신에 이르러야 합니다.

깊은 숨

숨은 우리 마음의 결입니다
숨이 깊어지면 마음도 깊어지고
숨이 평화로우면 마음도 평화로워집니다

짧은 숨이 길어질 때에
즉흥적인 흥분이 사라지고
얕은 숨이 깊어질 때에
만물을 대하는 생각의 깊이도 깊어집니다

숨은 곧 영의 현상입니다.
인간은 창조주께서 숨_{생기, spirit}을 불어 넣어주심으로
생령이 되었기 때문입니다 (창 2:7)

오늘도
깊은 숨으로 하루의 발길을 옮겨보십시오.

에필로그

영혼을 일깨우며
작은 자들을 돕는 사랑의 네트워크
산마루 서신

산마루 서신!
기도로 글을 쓰고
기도하는 마음으로 사진을 찍어
이메일을 통해 함께 나누기 십여 년의 세월이 흘렀습니다.

그러던 중 북악산 기슭 부암동에 내버려진 흙집을 빌려서 고친 후, 기도하고 묵상하며 글을 쓸 자리도 마련하게 되었습니다. 이 자리에서 지내며 밀도 있는 영적인 호흡을 하며 많은 영감을 받게 되었습니다. 그리고 수 년 전부터 교회에 찾아온 여러 노숙인 형제들과 함께 자활을 위한 농사도 이곳에서 짓게 되었습니다. 손에 흙을 묻히고 땀을 흘리며 교제를 나누는 일은 서로가 더 깊이 이해하고 공동체적 체험을 가지게 만들어 주었습니다. 5년 여 어려움에 처한 이웃을 산마루교우들과 함께 사랑으로 섬기며 이 일을 확대해 나가고 있습니다. 교우들의 사랑에 감동하며,

북악산 명상의 집. 이곳에서 매일 산마루 서신을 띄운다.

희망을 되찾아가는 노숙인 형제들의 모습에서 감격스러움을 느낍니다.

이러한 여정 속에서 산마루 서신을 통하여 수십만 명에 달하는 영혼의 벗이 생겨났습니다. 비록 얼굴은 다 모를지라도 그저 얼굴 아는 이보다 더 귀한 영혼의 호흡을 함께 하는 벗들이 이 땅 위에 생긴 것입니다.

그리고 서신 홈페이지를 운영하고, 소책자를 만들어 젊은 이들에게 나누어 주며, 어려운 이웃을 돕는 데도 보이지 않는 능력의 손길이 돼 주었습니다. 큰 힘이 되어 준 실로 감사한 일입니다.

저는 서신을 써서 보내면서, 늘 이런 감격을 누리며 지내왔습니다. 이 하늘 아래 같은 시공간 안에서 시공간을 넘어 6대주 5대양에 걸쳐 이렇게 많은 영혼들과 교제하며 사랑을 나눌 수 있다는 것은 얼마나 경이롭고 놀라운 일인가! 하나님께 감사할 따름입니다.

산마루 서신과 같은 글 쓰기를 한 것은 〈짧은 글 큰 깨달음〉이라는 제목으로 월간 기독교사상에 3년 동안 연재한 일에서부터 시작되었습니다.

이것은 90년대 초의 일로, 21세기를 내다보며 영성의 시대,

봉사자들과 함께 감자를 수확한 후 기쁨을 나누며, 큰 밀짚모자를 쓴 저자.

노숙인들과 함께 노동하는 저자(아래).

모니터 시대를 예견하며 새로운 글쓰기를 시도한 것이었습니다. 이것이 산마루 서신의 시작입니다. 영성의 시대의 글은 산문이 아니라 시여야 하고 장문의 설교가 아니라 영을 깨우는 화두를 써야 하리라 여겼습니다. 복음서의 예수 그리스도의 말씀이 그러하지 않았습니까!
오른손이 한 것을 왼손이 모르게 하라!
어찌하여 형제의 눈 속에 있는 티는 보고 네 눈 속에 있는 들보는 깨닫지 못하느냐! 죄 없는 자가 먼저 돌로 쳐라!
가이사의 것은 가이사에게 하나님의 것은 하나님께!
대접 받고자 하는 대로 먼저 대접하라!
돌아보면,

기도처에서 기도하는 저자
이주연 목사.

산마루 교회, 노숙자 예배(左). 노숙인 형제들과 함께 제주 올레길에서(右)

1995년 인터넷 고속회선이 일반에게 보급되기 이전 〈아름다운 세상〉이라는 홈페이지를 통해서 인터넷을 통한 '좋은 소식'을 모아 전하면서, '영성의 글'을 나누기 시작하였으나 덜 준비된 시대의 여건과 경제적 어려움으로 중단하였던 일도 있었습니다.

그리고 이어서 〈산마루 서신〉이라는 이름으로 몇몇 영혼의 친구들과 이메일로 글을 나누다가 인터넷 고속회선이 일반인에게 자리를 잡은 이후 2003년 홈페이지를 만들었고 2007년 부활절을 기하여 새 집을 지었습니다.

십자가는 하늘과 땅

하나님과 인간

인간과 인간의 단절을 끊은 소통입니다. 그리고 부활은 그 소통에 영원한 생명을 불어넣은 것입니다.

산마루 서신은 이러한 생명력을 통하여 새로운 시대를 열어갈 수 있기를 원하고 있습니다. 노숙인과 같은 지극히 작은 자들을 돕는 사랑의 네트워크가 되고 파괴된 환경을 회복하고, 청년들에게 희망을 주기를 원하고 있습니다. 고도정보통신사회에서 복음과 고전적인 높은 영적인 글들을 통하여 지구촌이 영적인 혁명으로 사랑으로 손에 손을 잡는 네트워크가 만들어지기를 원하고 있습니다.

비로소 이번엔 책을 만들어 나눌 수도 있게 되었습니다. 오래 전부터 여러분들, 몇몇 출판사가 출간 요청을 하였지만 여러 이유에서 미루다가 비로소 책으로 탄생한 것입니다. 이 책을 통하여 보다 많은 이들과 소통하며 영성의 길을 가길 원합니다.

21세기 이 하늘 아래서 소통과 새 생명의 역사가 소리 없는 사랑의 영적 혁명이 이루어지길 기원합니다. 천국은 누룩이 떡 반죽 그릇 안에서 소리 없이 부풀게 한다는 우리 주 예수 그리스도의 말씀처럼.

발행인 이 주 연 목사

| 이주연의 산마루 서신
주님처럼

초판1쇄 인쇄 | 2010년 12월 27일
초판1쇄 발행 | 2010년 12월 31일

지은이 | 이주연
발행인 | 김동영
펴낸이 | 강영란

편 집 | 오선화
디자인 | 한나영
제 작 | 시명국, 구본성
마케팅 | 조광진, 안재임, 박현경, 최금순

펴낸곳 | 강같은평화
주 소 | 128-840 서울시 마포구 동교동 165-1 미래프라자빌딩 11층
전 화 | 편집부(직통)070-4010-2035, 총무부(02)325-6047~8
팩 스 | 주문(02)2648-1311(총무부)

발행처 | 이지북
출판등록 | 2000년 11월 9일

ISBN 978-89-5624-350-4(03230)

강같은평화 는 이지북의 기독출판 브랜드입니다.

＊책값은 뒤표지에 있습니다.
＊잘못 만들어진 책은 바꿔 드립니다.